NICOLAS

LE MAITRE D'ÉCOLE.

NICOLAS
LE MAITRE D'ÉCOLE

HISTOIRE
D'UN INSTITUTEUR RÉVOQUÉ
Pour cause politique
EN L'AN DE LIBERTÉ 1850

PAR MANANTI.

> Tel, qui restait obscur si l'on fût demeuré juste envers lui, reçoit un nom, une puissance, par les persécutions mêmes de ses ennemis. Il en est ainsi de tous les problèmes politiques.
>
> *Mad. de Staël.*

PRIX, 2 FR. 50 C.

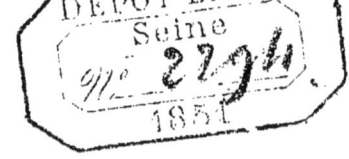

Paris.
IMPRIMERIE BOISSEAU ET COMPAGNIE,
Passage du Caire, 123-124.

1851

Le dépôt ayant été fait conformément à la loi, cet ouvrage est la propriété de l'auteur; les contrefaçons seront poursuivies.

INTRODUCTION.

Ce n'est pas un roman, un conte fait à plaisir que j'offre au public ; c'est l'histoire, vraie dans tous ses moindres détails, d'un pauvre instituteur de campagne, révoqué par la loi transitoire sur l'enseignement.

Quoique cette loi semble favoriser l'égoïsme de ceux qui ne veulent la lumière que pour eux-mêmes, aucune pensée hostile n'a pu me guider en mettant en ordre les notes de Nicolas ; et je n'ai eu pour but que de faire connaître la vérité sur certaines révocations d'instituteurs.

On a tant parlé depuis quelque temps pour ou contre les instituteurs communaux, qu'il n'est peut-être pas inutile de faire voir comment une loi, bonne en elle-même, peut devenir une arme exécrable dans la main de gens mal-intentionnés.

La loi du 11 janvier 1850 pouvait procurer le résultat le plus avantageux, si elle avait été appliquée par des gens de bien, amis de la justice et du progrès en même temps que de l'ordre.

Cette loi devait servir à épurer et ennoblir le corps des instituteurs primaires, en retranchant de son sein les membres qui le déshonorent par les vices ou l'ambition de leur cœur.

Telle devait en être la pensée, et non pas celle de briser tout ce que *les curés* pouvaient haïr.

Que l'on cherche bien; il n'est pas un dixième des révocations faites ou à faire, dans lesquelles on ne puisse voir *un curé* tenant le fil de l'intrigue, tantôt caché derrière la toile, tantôt levant le masque, et proclamant sa haine au grand jour.

Autre temps, autres mœurs :

Autrefois, nos pères voulaient que l'Eglise se mêlât de ses affaires; mais en ces jours de crise, où l'éteignoir d'un noble sacristain est hautement arboré par tout un parti, on accorde aux prêtres tout ce qu'ils semblent désirer ; on va même jusqu'à prévenir leurs caprices.

Il est cependant facile de convaincre le parti clérical d'hypocrisie et de mensonge, et de faire voir comment il lutte contre le principe qu'il devrait défendre.

Le christianisme est républicain par essence ; il est socialiste, parce qu'il est fraternel ; en un mot, il a pour signe de ralliement, la parole du grand Apôtre : Tout à tous !

Pourquoi donc en a-t-on changé le divin principe en égoïsme systématique ?

C'est que l'Eglise, qui prétend être l'écho fidèle du Christ, a, surtout et avant tout, la prétention à l'empire et à l'autorité ; c'est que, pour bien maîtriser des hommes libres, et en faire des esclaves dociles, il faut qu'ils ignorent leurs droits à la liberté. Il faut qu'ils croient à l'autorité irréfutable, au droit invincible et imprescriptible du *maître*, qui veut les régir et en faire ses instruments.

Voilà pourquoi le catholicisme ne veut pas du libre examen ; voilà pourquoi il interdit aux simples fidèles la lecture de la Bible, méconnaissant en cela l'ordre formel de saint

Paul : *Que votre obéissance soit raisonnable!*

Si la masse avait la liberté de comparer les préceptes divins avec les actions et la vie de ceux qui se disent les représentants de Dieu, il est certain que la conséquence serait le mépris et le ridicule.

L'absolutisme et l'intolérance de l'église catholique ne peuvent subsister sans l'ignorance gothique du moyen-âge, à laquelle on voudrait nous faire revenir; mais les partisans *quand même* de cette autorité illimitée ont oublié que le fondateur du christianisme défend *de mettre la lumière sous le boisseau.*

Ce n'est pas la question principale : il s'agit ici des instituteurs, et de leur conduite dans la lutte qui subsiste depuis trois ans.

Il en est certainement de mauvais ; il en est qui semblent avoir pris à tâche de mentir à leur sainte mission : ceux-là ont-ils tous été atteints par les soins des curés et des préfets?

A-t-on *supprimé, révoqué, interdit* tous les égoïstes, tous les ambitieux et tous les débauchés, qui se parent d'un nom de dévouement, de modestie et de morale?

J'en doute ; et en vérité, les inquisiteurs de la loi transitoire ne s'occupaient guère de cela.

Mais a-t-on défendu contre les vexations haineuses, les hommes de foi et de science modeste, de charité et de patriotisme, qui n'avaient d'autre crime que celui d'aspirer à l'amélioration morale et matérielle de leur pays ?

Non ; ceux-là gênaient, et il fallait les faire disparaître.

Encore une fois, ceux-là gênaient leurs curés et tous les amis du mouvement rétrograde ; et les *préfets obéissants* se sont empressés de donner des signatures.

Lâcheté et inconséquence !

Il est certainement des instituteurs qui avaient largement mérité le coup dont ils ont été frappés ; mais il y en a eu beaucoup aussi qui n'avaient rien à se reprocher qu'une vie d'abnégation, que la bienfaisance mise en action ; il y en avait dont la vie contrastait avec la vie sensuelle de leurs curés ; et de tels hommes devaient rencontrer la protection de l'autorité civile.

Punissez donc le mal, mais encouragez le bien ; ou plutôt ne confondez pas sciemment et par passion, l'un avec l'autre : surtout, après avoir ôté aux innocents le pain quotidien qu'ils gagnaient dans leurs modestes fonctions, ne les déshonorez pas!

L'histoire de Nicolas offrira un exemple frappant d'une de ces erreurs irréparables; je dis erreurs, parce que, si je qualifiais la complaisance du préfet de son département, comme elle mériterait de l'être, certaines gens crieraient à la calomnie. Les faits d'ailleurs parleront d'eux-mêmes : il n'en est aucun dont la preuve ne soit facile à fournir ; *pièces officielles, correspondances, procès-verbaux authentiques,* rien n'y manque.

Il ne pouvait être révoqué, ni comme *ignorant,* ni comme *ultra-radical,* ni comme *débauché;* il était à l'abri de ces sortes d'accusations. Pour le perdre, il fallait inventer, et on sut inventer.

Sa mésaventure n'est pas une exception; il en est beaucoup d'autres qui se trouvent exactement dans les mêmes circonstances.

Je n'ai rien célé, et je n'ai pris d'autre précaution que de taire les noms propres : *se reconnaîtra qui voudra.*

On voudrait confier exclusivement l'enseignement de la jeunesse à des corporations religieuses; et l'on prétend que les *céliba-*

taires sont les plus fermes soutiens de la famille.

Une situation anormale et opposée à la nature, contre laquelle ceux qui y sont condamnés protestent souvent par leurs débauches, doit faire la loi universelle des masses; et désormais, en France, l'exception fera la règle, et la majorité sera le petit nombre!

Tel est, en fait, le raisonnement que désavoueraient en logique, tous les faiseurs de projets : pourquoi le suivre dans la pratique?

Ils ne répondront pas à cette question; mais l'avenir fera la réponse.

MANANTI.

Paris, 15 février 1851.

NICOLAS
LE MAITRE D'ÉCOLE

HISTOIRE

D'UN INSTITUTEUR RÉVOQUÉ POUR CAUSE POLITIQUE

EN L'AN DE LIBERTÉ 1850.

> Tel, qui restait obscur si l'on fût demeuré juste envers lui, reçoit un nom, une puissance, par les persécutions mêmes de ses ennemis. Il en est ainsi de tous les problèmes politiques.
> *Mad. de Staël.*

CHAPITRE PREMIER.

Naissance et éducation de Nicolas.

Le 6 du mois de mai 1824, dans le village de..., en pleine Argonne, au milieu de ces forêts qui faisaient autrefois partie des Ardennes, naissait un pauvre enfant, dont l'apparence souffreteuse et chétive semblait présager la fin prochaine.

Un scieur de long fut son parrain, et il ne reçut d'autre nom que celui de Nicolas.

Les premiers jours de sa vie furent en proie à la douleur et ce ne fut qu'à force de soins que l'on parvint à assurer son existence.

Son père, maçon de son métier, était brusque et violent, mais, comme on dit, d'un cœur d'or : il se serait dépouillé pour donner à ceux qui souffraient ; et cependant il trouva plus tard que ceux auxquels il avait fait le plus de bien, s'étaient faits ses ennemis et lui jetaient la première pierre.

Cela n'est pas rare parmi les hommes.

La mère de Nicolas était la fille d'un simple cloutier, renommé pour sa probité à cinq lieues au moins à la ronde ; c'était bien le plus parfait modèle de la douceur et de la piété sincère.

Cette excellente femme, pénétrée de ses devoirs, et résolue à ne pas mentir aux saintes obligations de la maternité, consacra tous ses soins à la première éducation de son fils. Ce fut, sans doute, en suçant le lait maternel qu'il apprit à aimer Dieu et à s'attacher aux principes sérieux des nobles croyances.

Peut-être aussi est-ce dans son christianisme poétique, qu'il puisa le besoin du progrès, et ces aspirations vers le perfectionnement social, qui lui valurent par la suite la haine des *hommes-bornes*, qu'il rencontra dans la vie.

Les parents de Nicolas étaient dans l'aisance, et ils eussent pu réussir dnas leurs affaires, sans un concours fatal de circonstances mauvaises qui les ruinèrent en peu d'années.

Ils ne purent supporter l'idée que leur fils aîné ne serait qu'un maçon ou un cloutier ; ils voulurent en faire autre chose que ce qu'ils étaient eux-mêmes, et, dès le berceau ils le destinèrent à l'étude.

Ils auraient mieux fait de le laisser dans la sphère modeste où la Providence l'avait fait naître : il ne serait pas devenu une sorte d'amphibie, d'hermaphrodite, dans l'état social, comme tant d'autres qu'on a déclassés, dépaysannés, dégrossis, et qui seraient aujourd'hui de bons ouvriers, tandis qu'ils ne sont malheureusement utiles à rien.

Il est peu de gens qui réfléchissent sérieusement à la portée de ces lignes de Boileau :

« Soyez plutôt maçon, si c'est votre métier,
« Ouvrier estimé dans un art nécessaire,
« Qu'écrivain du commun ou poète vulgaire. »

C'est qu'en effet, la plaie de notre époque gît tout entière dans cette manie des parents, qui ne veulent pas pour leurs enfants, de la profession qui les a fait vivre, et dans laquelle leurs cheveux ont blanchi avec honneur.

Ce n'est certes pas à dire que le fils du *cordonnier* doive invariablement faire des *souliers ou des bottes* ; mais il conviendrait de diriger l'esprit et les goûts des jeunes gens vers une profession qui leur procurât le moyen de gagner le pain du travail, et de ne pas augmenter le nombre déjà trop grand des *bouches inutiles*.

La race des clercs d'avoués, d'huissiers et de notaires, des nullités, des piliers d'estaminet, et des demi-savants, bouffis d'orgueil et de prétentions, diminuerait bientôt dans une grande proportion.

Enfin ; que voulez-vous ? Un beau jour il fut arrêté en conseil de famille que Nicolas étudierait, qu'il serait un savant ; et... il dut étudier. Quant à devenir un savant, dame, ce fut autre chose : on n'avait pas donné voix délibérative à la Providence et, naturellement, elle s'en vengea en faisant mentir les prévisions du père Nicolas.

Son fils avait à peine quatorze mois, qu'il allait à l'école, ou plutôt qu'on l'y portait ; un de ses petits voisins venait le chercher tous les jours, on le juchait sur les épaules du complaisant camarade, et cette locomotive improvisée le mettait sous la baguette du *magister* en moins de dix minutes.

Jacques, ainsi se nommait le mentor, était fils d'un brave et honnête laboureur ; il se serait saigné pour son protégé, et lui évita tous les désagréments de l'école, jusqu'à ce qu'il pût y aller seul.

Mais, Dieu fait, dit-on, provision des bons pour son paradis, et laisse les méchants sur la terre afin d'éprouver les autres ; aussi Jacques fut-il enlevé au premier voyage du choléra en 1832.

Grâce à la férule du maître et aux soins incessants de ses parents, Nicolas fit des progrès rapides, et à quatre ans, il savait lire.

C'était son bon temps alors ; douce époque trop tôt passée, et qu'il regretta bien souvent lorsqu'il eut appris par expérience, que plus l'homme avance dans la vie et plus cruelles sont les épines qui le blessent.

Le matin, à six heures on partait pour l'école, en mordant avec appétit dans le morceau de pain bis qui composait le déjeûner de chaque jour, et portant la branche de bois, destinée à former le contingent de chauffage : puis à onze heures on revenait gai et dispos ; les caresses de la bonne mère remplaçaient les gourmades de l'instituteur, et l'on n'y songeait plus.

Le soir, après la classe, le père Nicolas s'assurait du travail de son fils, en le faisant lire ; et s'il avait été sage, la récompense s'en suivait : la mère lui glissait un bonbon; le grand-papa, ancien sergent-major de la grande armée, lui racontait une histoire de bataille à faire frémir des pieds à la tête ; ou bien encore, on lui permettait de lire une *légende* dans un énorme in-folio tout rempli d'images. Vraiment il était bien heureux : il s'endormait content, et le lendemain, un baiser le réveillait.

Ce n'est pourtant pas que parfois un nuage ne vînt assombrir un ciel si pur ; Nicolas détestait cordialement la soupe et les légumes de toute nature ; et son père, dont la volonté ne cédait jamais, exigeait qu'il mangeât de tout cela. On ne sait pas, et on ne saura probablement jamais combien de larmes les carottes lui coûtèrent dans la maison paternelle, ni combien de verges elles firent user en son endroit, mais ce n'est pas chose importante à savoir. Il lui arriva à vingt-cinq ans, de regretter cet heureux temps, nonobstant les carottes et les verges.

Il était doué d'une mémoire extraordinaire, et apprenait avec la plus grande facilité tout ce qu'on voulait : il y avait surtout un genre d'études qui lui offrait le plus grand charme, et qui avait pour lui un attrait irrésistible ; c'était l'histoire naturelle.

Souvent, après l'avoir longtemps cherché, sa mère le

trouvait à genoux près d'une fourmilière, ou occupé à examiner les brillantes couleurs d'une fleur des champs ; et les paroles de cette femme chrétienne faisaient aisément remonter l'âme docile de son fils, des choses créées à celui qui les fait, du livre de la nature à l'auteur même de la nature.

Et cependant.le jeune Nicolas était loin d'être un phénomène ; il avait de nombreux caprices et des défauts qui amenaient de la part de son père de fréquentes corrections.

Un jour, M. le curé de V..., vieillard plein de mérite, mort depuis quelques années seulement, vint avec le curé du village visiter l'école communale. Lorsque ce fut au tour de Nicolas de lire, et qu'il eut déjà lu quelques lignes, ils lui dirent de se lever : mais il était dans la situation la plus verticale qu'il pût prendre, quoique son menton n'atteignît pas le bord de la table ; il le leur fit observer, et sa lecture fut jugée assez bonne pour qu'on le plaçât à la tête de la classe.

Cet incident, qui fournit à la conversation des commères pendant plus d'une semaine, décida du sort de Nicolas ; car, huit jours après, il était convenu que M. le curé le prendrait chez lui l'année suivante ; qu'il lui enseignerait le latin, et le ferait entrer au séminaire.

Le séminaire !

C'était là le rêve doré de sa mère, qui avait toujours désiré avoir un prêtre parmi ses enfants. D'ailleurs on croyait voir dans le jeune Nicolas des dispositions marquées à cet état, des preuves de *vocation naissante*.

Il passait les jeudis à dresser des autels avec ses camarades : il disait la messe, prêchait, et finissait toujours ses sermons en promettant des bonbons et le royaume du ciel à ses auditeurs. Il ne voyait rien sur la terre de plus beau que d'être prêtre et voulait l'être à tout prix : mais il put se convaincre que dans les choses d'ici-bas, l'homme propose et Dieu dispose.

CHAPITRE II.

Nicolas apprend le latin.

Avant de se couvrir de beaux ornements d'or, de jouir des pompes solennelles de l'Eglise, et de prêcher aux autres leurs devoirs, quoique souvent on ne les remplisse pas soi-même, il faut passer par des épreuves rudes et nombreuses.

La plus terrible de toutes ces épreuves pour l'enfance, est, sans contredit, l'étude du latin, avec son interminable cortége de rudiment, de thêmes, de versions et de pensums. Oh ! le rudiment de Lhomond, enrichi des notes de l'abbé Sainsère, c'était la bête noire, le cauchemar de Nicolas.

On avait devancé l'époque fixée ; et au lieu d'attendre qu'il fût un garçon raisonnable de sept ans, son père le confia à *M. le curé*, avant qu'il eût atteint six ans et demi.

Le bon prêtre avait changé de paroisse : on exila donc le pauvre petit à huit grandes lieues de sa mère, de tout ce qu'il aimait, et de ses compagnons d'enfance.

Vraiment, la science, quelle qu'elle soit, grande ou petite, coûte cher ; mieux vaudrait cent fois ne savoir que lire, et posséder en retour le calme du village, et le repos de l'esprit. L'enfance n'est heureuse, a dit un auteur, que jusqu'à l'école ; c'est peut-être un peu de rigorisme ; mais à coup sûr, elle n'est heureuse que jusqu'au latin.

Comme on dit à Nicolas que pour se faire prêtre, le latin était indispensable, il se résigna d'assez bonne grâce, et en dépit de quelques mauvais moments, il s'appliquait à tout ce qu'on exigeait de lui.

Il aimait passionnément de lire, et comme le maître faisait de fréquentes absences pour aller visiter ses confrères, il en profitait pour aller partout, furetant après un livre. Aussi, en deux ans, il avait lu en cachette toute la bibliothèque de son précepteur, et il savait son rudiment.

Ils étaient quatre pensionnaires chez le curé : mais Nicolas étant le plus petit et le plus faible de corps, était aussi le souffre-douleurs. Les sottises communes n'avaient jamais que lui pour auteur, et il éprouva de bonne heure toute la malice de cette race perverse des écoliers que l'on considère généralement et à juste titre, comme la pire espèce qui soit au monde.

Il y avait deux ans qu'il était là quand il eut le malheur de se casser la jambe. L'évêque devait venir donner la confirmation dans l'humble église du hameau, et au milieu des préparatifs que l'on faisait pour le recevoir,

Nicolas tomba de quinze pieds de hauteur sur le pavé glissant et verdâtre du vieux temple. Cet accident lui fit prendre la résolution de mieux travailler et d'être plus sérieux, car il avait été causé par une de ces méchancetés auxquelles ses camarades donnaient le nom de *farces*.

Il est vrai que leurs plaisanteries étaient souvent dirigées contre lui ; mais il n'osait s'en plaindre beaucoup, parce que celui qui le tourmentait le plus était le neveu de M. le curé. Nicolas redoutait de s'en faire un ennemi : d'ailleurs il n'aimait pas de le voir battre, et l'*oncle* ne ménageait pas beaucoup le *neveu*.

Quatre années se passèrent ainsi ; et c'est au vertueux prêtre que Nicolas se crut par la suite redevable de ce qu'il avait appris. C'était une exception parmi les prêtres : pieux sans affectation, austère sans grimace, il était sincère et homme de conviction, ce qui n'est plus de mode.

Ce n'était pas un de ces Pharisiens à longues robes, chargeant les épaules des hommes de fardeaux insupportables qu'ils n'osent toucher du bout du doigt ; il se mettait à l'œuvre et prêchait d'action.

Il pratiquait surtout la charité avec un dévouement et une abnégation qui allaient jusqu'à l'héroïsme : souvent il lui arrivait de se trouver sans argent, parce qu'il oubliait dans ses généreuses prodigalités que son tiroir était presque vide.

Le meilleur *pot-au-feu* était destiné aux malades de la paroisse, et, chaque jour, Nicolas et ses compagnons étaient les distributeurs à domicile de ces bonnes œuvres. Quant aux élèves et au maître, il mangeaient la *soupe aux choux*, flanquée de pommes de terre et du morceau de lard proverbial.

Mais s'il savait faire maigre chère, pour pouvoir donner aux pauvres et aux malades, ses amis, il n'épargnait rien non plus pour recevoir ses confrères, et il les recevait souvent.

Ces visites dérangeaient bien un peu les classes ; mais c'était, suivant les écoliers, autant de volé sur l'ennemi commun, et ils étaient loin d'en pleurer.

A dix ans et demi, Nicolas retourna dans son village, et il y passa les dix-huit mois qui s'écoulèrent jusqu'à sa première communion. A cette époque, son père s'était résolu à quitter son pays natal pour aller s'établir à Reims, où on lui offrait un emploi. Il fut arrêté que toute la famille le suivrait, et que l'on chercherait à faire entrer Nicolas au séminaire.

Il en est de la science comme de beaucoup d'autres choses : lorsqu'on n'acquiert pas, on perd ; rester en stagnation, c'est rétrograder. Notre petit paresseux, qui s'était reposé à son aise pendant ce long intervalle, avait donc oublié beaucoup de ce qu'il savait ; et il dut se remettre au travail, pour n'avoir pas à redouter les chances d'un examen.

Au mois d'octobre 1836, ils étaient tous réunis dans la cité Rémoise, où le crédit de M. L. depuis chanoine à Saint-Denis, lui fit obtenir d'être interrogé, malgré sa qualité d'étranger au diocèse.

Il fut admis en cinquième comme boursier, et l'on peut aisément deviner la joie de ses parents et surtout de sa mère, à ce résultat avantageux. Dieu ! que de plans, que de rêves et de châteaux en Espagne furent établis sur cette base fragile ! Combien de souhaits, de vœux et de prières le suivirent dans cette année scolaire, la première, en quelque sorte, de sa vie réelle ; celle dans laquelle il sentit, et les premières impressions de l'émulation et le noble désir de s'instruire, pour se rapprocher de l'auteur de la science !

C'est le cœur rempli des plus douces et des plus suaves émotions, que l'on est, à cet âge, le témoin des mystères touchants du christianisme : on mêle avec bonheur sa voix aux chants harmonieux qui semblent être un appel aux célestes intelligences ; et il n'est jamais possible d'oublier les accents mystérieux, qui parlent alors à l'âme, et la font s'élancer vers le trône de Dieu.

La classe de Nicolas était dirigée par un habile professeur, dont le grand secret était de savoir se faire chérir de ses élèves. Tous voyaient en lui un père et un ami, et l'on travaillait avec ardeur, afin de ne lui causer aucun chagrin. Le jeune boursier lui était fort attaché ; et il reçut de cet homme vertueux des marques sérieuses d'affection et des soins tout particuliers.

Plus tard, lorsque les circonstances lui eurent tracé une route différente, il ne pouvait se rappeler sans attendrissement, le souvenir de ceux qui avaient ainsi cherché à guider ses premiers pas dans les sentiers de l'honneur, tout en essayant de développer son intelligence ; il n'en parlait jamais sans témoigner pour eux la plus vive gratitude.

Mais déjà les affaires de son père étaient fort dérangées, et pendant qu'il était dans le bonheur et la tranquillité de l'étude, sa famille était dans la souffrance. Sa mère venait fréquemment le voir, et lui apportait, malgré son état de gêne, toutes les petites friandises qu'elle pouvait. Elle espérait ainsi cacher à son fils la misère qui frappait déjà tous les siens.

Femme infortunée ! ses souffrances commençaient, ou pour mieux dire, augmentaient de jour en jour : le caractère de son mari s'était aigri à la vue du désordre qu'il avait laissé s'introduire dans sa fortune ; et, semblable à ces pilotes inhabiles, qui perdent la tête après avoir conduit leur navire dans les écueils, il ne savait plus où il en était, et faisait retomber sur sa femme et ses enfants, sa mauvaise humeur et ses fréquentes colères.

La mère de Nicolas perdit alors son père : le pauvre vieillard, brisé par le chagrin que lui causait le malheur de sa fille, succomba sous le poids de ses regrets dans le mois de mai de cette même année.

C'était en 1837 ; Nicolas avait remporté le prix d'honneur et celui de version latine, mais, malgré ses succès, la mort de son aïeul changea tous les plans ; et il revint passer tristement ses vacances dans la vieille maison où s'était écoulée sa joyeuse enfance.

Ce fut cependant avec plaisir qu'il retourna dans son pays, et revit des lieux si chers ; car, il avait dès lors, et il conserva toujours à un très-haut degré, la mémoire du cœur.

CHAPITRE III.

Nicolas prend l'habit ecclésiastique.

Pendant les trois mois que durèrent ces vacances, Nicolas fit de nombreuses réflexions sur sa situation et sur l'état de vie auquel il se destinait : il en était arrivé à être entièrement dégoûté de tout cela, et il demanda un jour à son père de lui faire apprendre un état manuel, une profession qui le mettrait à même de gagner sa vie, sans être à charge à personne.

Le père répondit sèchement qu'après les études faites, on aviserait. Il fallut donc, malgré lui et le cœur bien gros, que le pauvre enfant fît des démarches pour entrer au séminaire de... Elles furent longues et pénibles; la question d'argent était un obstacle sérieux, cet établissement n'étant pas riche et ne recevant pas de subvention.

On ui accorda enfin son admission comme demi-boursier, et il entra en quatrième.

Dans le courant de cette année, suivant l'usage établi, il revêtit l'habit ecclésiastique. Il serait inutile de dissimuler l'impression profonde que cette circonstance produisit sur ce caractère ardent et impétueux ; ni combien de force elle vint ajouter à la répugnance que le jeune homme avait déjà manifestée à son père. Il ne laissa cependant rien voir de ce qu'il éprouvait ; et bientôt, sa gaîté naturelle prenant le dessus, il était de tous les jeux et de toutes les parties d'écoliers.

Du reste, il travaillait, moins peut-être que son professeur l'eût désiré, mais assez cependant pour que la plus grande partie des prix lui fût décernée à la fin de l'année ; et au résumé, avant d'entrer en troisième, il était peu de difficultés de la langue latine qui pussent l'arrêter.

Le mois d'août arriva, et avec lui, une liberté momentanée, dont Nicolas profita pour aller revoir sa famille. Mais un terrible changement se faisait remarquer dans cette maison, autrefois si paisible. Son père, pour éviter la peine de songer à débrouiller ses affaires, passait une partie de ses journées au cabaret, en sorte que tout allait au plus mal. Le désordre était à son comble ; car la mère de Nicolas, soit que le chagrin eût produit en elle ce changement, soit qu'elle se reposât sur la Providence du soin de sa maison, se contentait de souffrir et de pleurer.

Ce fut en ce moment qu'il regretta de ne pas s'être fait ouvrier, valet de charrue même, dans la pensée qu'il aurait pu sauvegarder de graves intérêts et prévenir d'effrayantes secousses.

La solitude de la forêt, les promenades dans la prairie,

l'étude, les recherches d'histoire naturelle et de botanique étaient ses seules distractions contre les douleurs morales qui le frappèrent à partir de cette époque. Heureux encore d'avoir ainsi trouvé une consolation dans ces plaisirs innocents, qui, du moins, laissent le cœur pur et calme !

Vers la fin des vacances, il alla visiter quelques amis d'étude ; puis vint la rentrée des classes, et il vit approcher ce jour avec délices. Il avait tant souffert ! Il avait tant vu d'amertume au foyer domestique, tant de privations auxquelles sa famille était astreinte ; enfin, de si grandes misères, qu'il aurait voulu se séquestrer dans le fond d'un cloître, pour échapper à ces cruelles étreintes.

Ainsi, au commencement de sa troisième, ses répugnances étaient vaincues ; il se sentait déterminé à se faire prêtre, et à se réfugier en Dieu contre les adversités de la vie humaine. Mais il était décidé à ne pas rester en Europe, et à demander plus tard à partir pour les missions étrangères.

C'est qu'en effet, il est difficile à un prêtre de demeurer vertueux, dans la situation où l'habitude et la civilisation toute mondaine de l'église catholique viennent le placer. En général, un jeune vicaire conserve, au sortir du séminaire, sa ferveur et sa charité pendant six mois, ou un an tout au plus : puis, les dîners, les habitudes du monde, l'amour-propre, la servilité des femmes, le jettent dans la tiédeur et l'orgueil ; et ce n'est bientôt plus qu'une sorte de machine, faisant par métier les plus saintes fonctions. Or, il n'y a pas de moyen terme aux yeux de l'Evangile : ou *prêtre saint*, ou *mauvais prêtre ;* et on ne peut être un saint prêtre, quand on est tiède, orgueilleux, et peu charitable. Il n'est pas rare de voir se joindre à tout cela l'impudeur et la débauche, sous le voile de l'hypocrisie et de la duplicité.

Le récit des dangers affrontés par les missionnaires faisait palpiter d'émotion et d'enthousiasme l'âme du jeune Nicolas ; son cœur était fort, et il aurait volontiers quitté sa patrie pour aller prendre part à leurs périls dans les contrées qu'ils évangélisaient.

Cette pensée lui fit faire de nouveaux efforts, et son ardeur pour le travail ne se démentit pas un seul instant durant cette année. Ses camarades se souviennent encore de ces luttes scolaires, dans lesquelles chacun épuisait son léger bagage scientifique : Nicolas en sortait souvent le vainqueur, mais il était trop enfant pour se prévaloir de son succès.

Il n'est que trop vrai de dire, et c'est un fait bien digne de remarque, que les hommes faits, ceux qui sont le plus difficiles pour les autres, sont remplis de beaucoup plus de défauts et de vices que l'enfance. Joyeux et insouciant, l'écolier oublie vite un succès pour faire une bonne partie avec ses émules ; l'homme, au contraire, puise la morgue et la prétention dans la réussite.

Ce n'est pas dans l'enfance que nous sommes profondément vicieux : les passions peuvent entraîner l'enfant à de mauvaises actions, mais l'homme ne devient froidement méchant, que lorsque l'exemple de la perversité générale est venu corrompre les bons principes qui préexistaient en lui. Si la candeur et la naïveté sont aujourd'hui si peu communes, ce ne sont pas précisément les enfants qu'il faut en accuser, ce sont leurs parents ; et même, la cause de cette dépravation se trouve malheureusement dans les exemples de certains maîtres, dont les actions et les paroles devraient cependant toujours être une leçon vivante de vertu et de morale.

Il règne d'ailleurs sur le jeune âge une maladie honteuse qui en épuise les forces intellectuelles et physiques : cette plaie funeste a pour cause principale l'absence d'une première éducation sérieuse. Ce qui a manqué à ces pauvres petits êtres déjà dégradés, *c'est une mère* : le mal s'étend et se propage partout où les enfants sont réunis sous une surveillance trop molle. Il y a là une des sources de la démoralisation profonde qui semble vouloir étreindre les populations modernes ; car, les vices sociaux prennent naissance dans les vices individuels. Si les maîtres de l'enfance et de la jeunesse n'étaient plus des commerçants, des *vendeurs de soupe*, mais des hommes graves et sérieux, des *chrétiens*, traitant leur sainte et noble mission comme il convient, il est certain que tout, même en politique, en irait beaucoup mieux : mais les écoles gouvernementales sont encore plus gangrenées que les établissements particuliers.

Revenons à notre objet : ce fut en troisième que Nicolas reçut les premières notions de littérature, et qu'il commença à étudier les modèles de l'antiquité. Il trouva dans chacun des grands génies qui firent la gloire d'Athènes et de Rome, un ami, un consolateur, un conseil ; et il se prépara le meilleur des remèdes contre la peine et l'ennui, dans les paroles de ces morts illustres.

A quoi bon retracer ici les sentiments qui se pressaient en lui, lorsqu'à la clarté nouvelle qui brillait à ses yeux, il entrevoyait les beautés, les délicatesses, la noblesse de pensées, la richesse d'expressions, qui font des auteurs, et surtout des poètes anciens, des hommes à part dans l'histoire de l'humanité ? Tous ceux qui ont fait des études ont éprouvé cela, et ce serait vouloir redire des choses connues de tous que de s'étendre sur ce sujet.

Mais Nicolas était doué d'une sensibilité extrême, faculté à la fois précieuse et funeste, qui devait lui coûter bien des douleurs. Il s'était, en quelque façon, entouré des hommes célèbres dont il lisait les œuvres ; ils étaient le rêve de ses nuits, et il lui semblait qu'il était de leur monde et les connaissait tous. Il poussait le fanatisme de l'enthousiasme, ou plutôt de la reconnaissance, jusqu'à leur donner à chacun une physionomie, un visage, et des traits analogues au caractère de leurs ouvrages.

Cependant l'année ne se passa pas sans luttes : la ruine de son père était à peu près certaine, et il avait affaire à un de ces professeurs excentriques, qui ne s'expliquent jamais les motifs de leurs affections ou de leurs antipathies. Celui-ci avait la manie d'empailler les chats et les souris, au lieu de préparer sa classe, et il honorait Nicolas d'une sorte de rancune instinctive. Heureux l'élève qui parvenait à réciter sa leçon, ou à expliquer le devoir, pendant que le maître rongeait ses ongles, ou nettoyait ses lunettes ; il avait là un quart-d'heure, pendant lequel il pouvait glisser toutes les billevesées les plus ridicules.

Nicolas fut donc en proie à de grands chagrins ; et de plus, persécuté de pensums et de punitions par cet homme fantasque et capricieux. Une parole, un geste, la moindre bagatelle suffisait pour lui attirer quelques centaines de vers, grecs, latins, ou français ; et comme il avait pris l'habitude de les savoir, son professeur prenait son exactitude pour de l'impertinence.

Les mauvaises notes pleuvaient sur lui comme grêle ; et pourtant, la fin de l'année lui apporta de beaux triomphes scholastiques. Le prix de travail et celui d'honneur, accompagnés de onze autres nominations, lui démontrèrent que le professeur n'avait été que taquin et inconséquent. Mais ces taquineries étaient de mauvais goût, et plus propres à rebuter entièrement qu'à encourager.

CHAPITRE IV.

Il sort du séminaire.

La seconde était professée par un excellent prêtre dont le cœur élevé et les qualités précieuses en faisaient un ecclésiastique distingué. Il était loin d'avoir la chaleur et l'entrain nécessaire pour diriger une classe où l'on s'occupait spécialement de poésie : mais il y suppléait par une bonté achevée et un dévouement sans bornes.

Pendant les vacances, il était arrivé à Nicolas d'être le témoin d'un incident assez singulier, qui ne contribua pas peu à lui inspirer définitivement le dessein de jeter, comme on dit, *le froc aux orties*. Il était en voyage avec un prêtre de ses amis ; vers trois heures de l'après-midi, une chaleur excessive les obligea d'entrer chez le curé de ...., pour y prendre quelque rafraîchissement. Ce brave homme, voulant éluder la règle canonique, qui prescrit aux ecclésiastiques de n'avoir pas de servante âgée de moins de quarante ans, et la trouvant fort incommode, s'était souvenu fort à propos d'un axiôme d'arithmétique en vertu duquel *la somme des parties d'un tout est égale à ce tout*. Il avait donc pris quarante ans en deux volumes, et il ne s'en trouvait pas plus mal, car chacune de ses deux *nièces* était fort jolie. L'une était une charmante blonde de dix-huit ans, aux yeux pleins de langueur et à la taille délicate et svelte; l'autre, brune agaçante, plus âgée de quatre ans que son associée, avait les allures les plus voluptueuses et le regard le plus provocateur que l'on pût rencontrer.

Nicolas comprit alors que la robe n'est souvent qu'un rideau derrière lequel gît un homme comme un autre, et souvent plus mauvais, parce qu'il joint au vice la dissimulation.

Du reste, le pauvre curé découvrit l'année suivante les inconvénients de son système analytique, car l'une des deux *chambrières* lui fit cadeau d'un gros garçon dont on interdit le père, attendu qu'il y avait flagrant délit et scandale public.

Une autre circonstance vint achever de désenchanter Nicolas. Le prédicateur de retraite de cette année était un *jésuite* de Metz tout confit de dévotion extérieure, et tout farci de chapelets, de scapulaires et de rosaires bénits et indulgenciés. Il fit des devoirs du prêtre un tableau fort vrai sous tous les rapports, mais qui effraya notre jeune homme, parce qu'il redoutait de devenir un prêtre comme tant d'autres, qui sont les disciples, non du Christ, mais des *inquisiteurs* ou des *jésuites*, sacrifiant en apparence, et abandonnant la foi, la miséricorde et la justice.

Il s'adressa donc, dès le mois de décembre, au supérieur de l'établissement, et lui demanda la faveur de le laisser retourner chez ses parents, et renoncer pour toujours à la carrière ecclésiastique.

Le supérieur désira connaître la raison pour laquelle il voulait quitter un état qui avait paru lui sourire ; mais Nicolas ne lui en donna pas d'autre qu'un ennui intolérable.

Il revint tant et si souvent à la charge, qu'on finit par lui accorder d'aller passer quinze jours au milieu de sa famille, ces courtes vacances devant, dans la pensée du supérieur, le guérir de ce qui n'était qu'une *nostalgie*.

Nicolas ne prolongea pas d'une minute le congé qui lui avait été octroyé : le seizième jour, à huit heures du matin, il était de retour au séminaire, plus résolu que jamais à fuir au plus vite. Cependant le séjour de la maison paternelle n'avait pas eu pour lui de grands charmes, car, dans ce court espace de temps, il avait été grondé et battu ; mais il préférait encore cette perspective à devenir un jour un *pavé d'enfer*, selon l'expression d'un grand pape.

On aveugle l'esprit des jeunes gens qui se destinent à la prêtrise par une foule de sornettes plus risibles les unes que les autres. Ainsi, on leur promet, de la part de Dieu, une surabondance de *grâces d'état* qui doivent les conduire au salut d'une façon irrésistible. Pour les fortifier contre les fautes nombreuses qu'ils commettront dans cette *profession*, dont un jour beaucoup d'entre eux feront un *métier*, on leur met dans la tête que l'intention virtuelle suffit pour donner à une action son mérite devant Dieu. Je ne citerai qu'un exemple qui fera voir comment l'homme exploite l'homme, lorsqu'il se met à la place de Dieu.

Un prêtre entre dans son confessionnal avec l'intention d'entendre la confession de ses pénitents : voilà l'intention virtuelle. Fatigué d'un grand dîner de la veille ou du jour, ou peut-être de la position gênée où il se trouve, le confesseur s'endort, et ne se réveille que lorsque le coupable a raconté ses fautes ou fait sa propre apologie ; il a profité du sommeil de son père en Dieu pour glisser son péché favori : qu'importe ? l'intention virtuelle n'a pas dormi, et l'homme revient à la vie réelle pour distribuer une absolution sur des choses qu'il est censé avoir entendues.

Et comment oser encore après cela exiger la confession auriculaire de la part de l'Église ! Mais si vous l'appelez un devoir, faites donc le vôtre vous-mêmes, ou vous mettrez vos pénitents en droit de vous dire qu'eux aussi avaient, en s'agenouillant, l'intention virtuelle de ne rien cacher, mais que, le diable aidant, ils ont passé la moitié de leurs peccadilles.

Nicolas avait entendu de reste ces inventions de cerveaux malades, et il voulait à toute force reprendre sa liberté et ne plus être un cadavre intellectuel. Cependant les professeurs lui donnèrent dans cette occasion une preuve de dévouement qu'il ne put accepter, mais dont il conserva toujours le souvenir.

Ils lui offrirent de se cotiser pour supporter les frais de sa pension, dans le cas où sa sortie serait déterminée par la gêne pécuniaire de ses parents. Il les remercia ; mais il leur dit que ce motif ne serait rien pour lui s'il ne s'y en ajoutait d'autres plus graves et plus sérieux.

En conséquence, huit jours après, le 11 février 1840, il abandonna, à une heure après-midi, cette maison d'études où il avait passé d'heureux jours, malgré toutes les contrariétés. Il aimait le séminaire et la régularité classique du travail ; mais il ne voulait plus se faire prêtre : cela l'épouvantait, et pour rien au monde il n'aurait consenti à rester plus longtemps.

Le supérieur lui avait remis une lettre de recommandation pour un ecclésiastique de ses amis qui dirigeait un collége communal. Dans cette lettre, il engageait son ami à garder le jeune Nicolas comme répétiteur, dans l'espoir qu'il leur reviendrait un jour.

Le nouvel émancipé fit gaîment les quelques lieues qui le séparait de ....., et après avoir vu celui à qui il était adressé, il revint prendre l'hospitalité chez un de ses amis, dans un petit village des environs. Il y passa le samedi et le dimanche, et le lundi, à quatre heures du matin, au moment où il se préparait à se lever pour aviser à sa position, il entendit la voix de son père, qui lui disait d'ouvrir.

Il obéit ; mais il recula à la vue du père Nicolas, armé de son fusil, et qui ne parlait de rien moins que de tuer son fils pour le crime qu'il avait commis en sortant du séminaire.

La présence d'esprit de Nicolas et les raisons qu'il fit valoir désarmèrent le père, qui fit promettre à son fils de l'accompagner. Ils retournèrent donc le jour même au pays, le père Nicolas précédant son fils, et ayant l'air de ramener un prisonnier échappé de quelque donjon.

Enfin, au bout de quinze jours, Nicolas entra comme

externe au collège, en raison d'arrangements pris par son père avec un ouvrier de sa connaissance.

Il y avait huit jours qu'il était là, quand le principal vint un matin le prier d'aller servir sa messe. Il le fit ; mais il remarqua avec horreur que cet homme était loin d'être à jeun : il avait l'habitude de la boisson, et, soit qu'il eût adressé ses prières du matin à Bacchus, soit qu'il se sentît encore des fumées de la veille, il pouvait à peine se soutenir. Ses vêtements en désordre et dégoûtants de saleté, ses pantoufles déchirées et couvertes de boue, achevaient d'en faire un être repoussant. Nicolas se félicita d'avoir quitté un état où l'on rencontre des êtres de cette espèce.

Ce qui n'était encore qu'une demi-preuve acquit, le jeudi suivant, la force d'une conviction. Cet homme disait son bréviaire dans la salle d'étude ; pendant une heure et demie, il marmota dans ses dents en tenant son livre à rebours, et il ne s'aperçut même pas que quelques malins élèves avaient tellement baissé les lampes, que tout le monde était dans l'inaction, pendant qu'il *posait* en Silène devant trente enfants.

Était-il absorbé dans la contemplation des choses divines, et les pieuses réflexions auxquelles il se livrait donnaient-elles à son haleine l'odeur avinée et alcoolique qui empestait la salle ?

Quoiqu'il passât pour un bon prêtre parmi ses confrères, il circulait dans la ville des bruits étranges : on disait que son voisin fermait souvent les yeux sur les faux pas de sa femme, qui, pour une sabotière, était passablement jolie ; on disait..... bien d'autres choses encore.

C'en fut trop pour Nicolas : il avait conservé l'austérité des principes religieux, et il ne put supporter la vue de ces hideux mystères de sacristie. Il partit dès le lendemain, en laissant une lettre qui annonçait sa volonté de ne plus mettre les pieds dans cette maison.

Il endura de cruelles tortures dans la maison paternelle pendant les six mois qui suivirent. Son père, dans le secret désir de le forcer à rentrer au séminaire et à reprendre la soutane, ne savait comment le tourmenter. On l'envoyait dans la forêt ramasser du bois sec qu'il rapportait ensuite sur ses épaules ou sur une *hotte*, comme font les petits paysans ; il devait nettoyer les animaux de l'étable, glaner, faucher, rentrer les grains ; et, par-dessus le marché, il était souvent injurié et battu. Il fut obligé trois ou quatre fois de s'enfuir pour ne pas être tué sur place.

Un jour, à la suite d'une violente altercation dans laquelle le jeune homme avait voulu prendre la défense de sa mère, son père le poursuivit jusqu'à la forêt après lui avoir lancé une masse de tailleur de pierres qui faillit le tuer. En courant pour saisir son fils, le père tomba dans la rue, ce qui redoubla sa fureur ; mais comme le fugitif était très-agile, il parvint au taillis le premier, et là, il se mit en sûreté dans un fourré épais.

Quelques heures plus tard, sa mère put lui apporter ses vêtements à l'entrée du bois, et, après avoir dit adieu à la pauvre femme, il alla passer quelques jours chez un ami.

Ce voyage faillit lui être fatal, car au moment où il suivait un vallon entre deux bois épais, un orage subit vint à éclater. Il se fit de tels coups de foudre, qu'il en était glacé de terreur ; l'un d'eux le renversa et le laissa sans connaissance.

Heureusement pour lui, une bonne femme qui gardait ses vaches à quelque distance vint le relever et le secourir. Il serait mort là de faim et de misère, car il ne pouvait se mouvoir, et la pluie commençait à tomber par torrents.

Peut-être eut-ce été un bien, et la mort lui aurait du moins épargné toutes les autres souffrances de la vie.

Il passa huit jours chez l'ami qui lui avait donné refuge, et il eut bien du mal à se remettre de la courbature occasionnée par cette secousse. On lui fit obtenir une lettre de recommandation pour Paris, car la capitale était le but où il tendait, et il espérait y trouver une position plutôt que partout ailleurs.

Étrange aveuglement des jeunes gens, qui ne voient que ce qui brille et croient que le bonheur n'est pas de leur village !

CHAPITRE V.

Le monde. — Premier Voyage. — Paris. — Le Hâvre.

Lorsque Nicolas retourna chez son père, la colère de celui-ci était passée, et il entendit sans mauvaise humeur la proposition que lui fit son fils de le laisser aller à Paris pour y chercher un avenir. Seulement il refusa d'accorder la permission que Nicolas lui demandait ; et ce ne fut qu'après plusieurs jours de sollicitation que le jeune homme obtint le consentement désiré, mais avec une modification inattendue et inopportune : son père voulut l'accompagner.

Aussitôt qu'il eut réuni la somme nécessaire aux frais du voyage, ils se mirent en marche le 4 octobre 1840, à trois heures du matin, et ils parvinrent en un jour et demi à Reims, où le père Nicolas avait quelques affaires à terminer.

Par une sorte de fatalité, il avait perdu en route une partie de son argent, et leur place payée dans la lourde voiture qui devait les transporter à Paris, il ne leur restait pas grand'chose. Le père Nicolas fut donc obligé d'emprunter à une personne de sa connaissance vingt francs, qu'il jugea devoir suffire à leur dépense, jusqu'à ce que son fils serait placé.

Il vint ensuite retenir un petit cabinet dans une maison meublée de la rue Saint-Honoré, et il paya d'avance, suivant l'usage de ces sortes de maisons.

La personne pour laquelle Nicolas avait une lettre de recommandation était un négociant retiré des affaires, qui jouissait d'un honnête revenu. La femme était presque du même pays que son nouveau protégé; ils furent donc bien accueillis, et on les retint à dîner.

Dès le lendemain, le mari s'occupa de trouver un emploi convenable pour l'ancien séminariste; mais c'était chose difficile : Nicolas n'avait pas d'apparence, et, à Paris, l'enseigne, la réclame, l'extérieur, la tenue, font souvent plus que tout le reste.

Après deux jours de courses assidues et de démarches sérieuses, ils trouvèrent cependant, rue Quincampoix, un distillateur qui voulut bien employer Nicolas à tenir son livre de magasin et à surveiller l'arrivée des marchandises. Les explications ordinaires échangées et toutes conventions faites, le marchand de liqueurs recommanda à son nouveau commis de se tenir prêt pour le surlendemain, c'est-à-dire le jeudi, à huit heures du matin.

Alors le père Nicolas, croyant son fils placé, fixa son départ au lendemain. En effet, le mercredi, le pauvre homme quitta Paris après avoir partagé avec Nicolas les cinq ou six francs qui lui restaient. Il avait les yeux pleins de larmes, et ne cessa de se retourner en s'en allant que lorsque son enfant fut perdu dans la foule.

A ce moment, tous les sujets de plainte de Nicolas s'évanouirent : il ne songea plus qu'à son isolement et à l'affection réelle que son père avait pour lui.

Peu à peu, cependant, ses idées prirent un autre cours : déjà il se voyait dans la rue Quincampoix, actif à la besogne et tout entier aux intérêts du commerçant qui lui donnait de l'emploi. Quelque différence qu'il y eût entre un livre *d'entrée* et de *sortie* et les vers sublimes d'Homère, il croyait, lui, que, pour un enfant du peuple, le travail est partout un titre d'honneur et de mérite, pourvu qu'il soit accompli selon toutes les exigences du devoir.

Le jeudi, il était à l'heure dite chez son *patron*; mais cet homme lui apprit que la veille un autre jeune homme, plus grand et plus fort, s'étant présenté, il l'avait accepté, et qu'il se dégageait de sa parole.

Nicolas ne fit aucune observation ; il s'éloigna le cœur malade et avec une illusion de moins. Jusqu'alors il n'avait pas cru à l'égoïsme : ce fut sa première leçon.

Quoique son embarras fut extrême, et qu'il ne vît pas comment il pourrait s'en tirer à Paris, sans place et sans argent, il ne voulut rien dire de sa détresse à son protecteur. Nicolas croyait que cet homme de bien lui offrirait sa bourse, et cet offre eût été une humiliation.

Où donc la fierté va-t-elle se nicher ?

Qu'importe ! Nicolas ne voulait pas de cet affront ; et il se promit de mettre la nuit à profit pour réfléchir aux moyens de sortir de l'ornière.

Sa position était en effet bien perplexe, et il était placé entre des impossibilités. Que pouvait-il faire? Retourner chez son père? Mais il aurait été la fable du village, et les paysans en auraient sagement conclu l'inutilité de la science et la sottise des pères qui font donner de l'instruction à leurs enfants.

Se dirigera-t-il vers le Nord ou vers le Midi?.... Mais il ne lui reste que *trois sous*, et il ne se sent pas capable de mendier.

Il faut pourtant prendre un parti..... Que résoudre?

Le Havre est là, à cinquante-cinq lieues seulement de Paris, et la mer est un chemin pour tous les aventuriers. Soit; mais pour prendre la mer, il faut de l'argent ou connaître quelque capitaine.

Eh bien! s'il ne se trouve pas d'emploi au Hâvre, on se glisse le soir sur un navire en partance, on se cache entre deux tonneaux, et on ne se montre que lorsque le vaisseau est en pleine mer. Alors il faut que le capitaine garde cet intrus, et bon gré, malgré, qu'il le fasse travailler ou jeter à la mer.

Ce fut à ce dernier plan que Nicolas s'arrêta.

En conséquence, le lendemain, 19 octobre, à neuf heures du matin, il était arrivé à Saint-Germain. Avec ses *trois sous*, il se procura un déjeûner de pain et de fromage, et il se rafraîchit à un petit ruisseau qui coulait dans la forêt; puis, après s'être reposé une demi-heure, il reprit sa marche.

Lorsqu'il était fatigué, il se couchait dans un coin, au bord de la route, et après avoir dormi quelques heures, il continuait son chemin. Il parvint à Rouen de cette manière, en marchant le jour et la nuit; mais il avait déjà bien faim, et il lui restait encore vingt-cinq lieues à faire.

C'était le dimanche, à deux heures de l'après-midi ; le soir, à onze heures, Nicolas traversait Yvetot. Ce fut alors que la faim devint un véritable supplice pour le malheureux enfant : il lui semblait que ses entrailles se déchiraient ; des douleurs atroces, incessantes, l'empêchaient presque de marcher ; il se sentait mourir.

Mais comme il avait résolu de ne rien demander à personne, il s'efforça de reprendre courage, et à quatre heures du matin, il était arrivé à Bolbec.

Les douleurs qu'il éprouvait commencèrent alors à s'apaiser un peu ; mais ce fut pour faire place à un affaiblissement gradué et progressif, sous l'étreinte duquel il s'attendait d'un instant à l'autre à tomber sur la route. Enfin, du sommet d'une montagne qui domine Harfleur, il vit la mer..... et il ne se souvint plus de ses souffrances.

Il avait devant lui un des plus magnifiques spectacles qu'il soit donné à l'homme de contempler : à droite, la montagne sur laquelle il était, et se prolongeant jusqu'à l'Océan ; à gauche, cette superbe vallée de la Seine ; puis, de l'autre côté du fleuve, les côtes de la Basse-Normandie et ses forêts jaunies par les premiers froids : à ses pieds, Harfleur, Graville et le Hâvre. Au-delà de tout cela s'étendaient le vaste horizon des eaux, le ciel bleu, qui se confondait avec la mer, et les rochers lointains du Calvados. Tout ce panorama sublime faisait sur lui une impression si profonde, que son âme tout entière était passée dans ses yeux ; il ne se sentait plus, il voyait ; et il lui semblait qu'il connaissait tout cet admirable tableau, et qu'il l'avait déjà vu, tant les livres lui en avaient donné une exacte description.

Il parvint au Hâvre à une heure après-midi ; et il avait mis trois jours et trois nuits à faire ce trajet. Il parcourut aussitôt la ville pour chercher un emploi ; mais il ne rencontra partout que des refus. C'était le moment de la fameuse affaire Thiers-Pritchard, et comme on s'attendait à une guerre avec ces *bons* Anglais, nos voisins, tout était en bouleversement. On construisait même une nouvelle batterie, et Nicolas eut un instant la pensée de s'y employer à servir les maçons.

Lassé de rebuts, il voulut mettre à exécution la seconde partie de son plan, et chercha à reconnaître un navire prêt à appareiller pour l'Amérique ; ce fut peine perdue : il était trop étranger et il n'osait se confier à personne. La nuit vint et ne fit qu'aggraver sa position. Sans ressource et sans asile, qu'allait-il devenir ?

Il songea cent fois à se jeter à la mer ; mais la pensée de Dieu le retint sans doute, car sa tête était vide, et il ne savait ce qu'il faisait.

Enfin, quelqu'un vint à son aide, et il accepta un franc que lui donna la dernière personne à laquelle il demanda de l'emploi. La crainte d'être arrêté par quelque patrouille l'emporta sur la répugnance qu'il éprouvait à recevoir de l'argent qu'il n'avait pas gagné.

Il trouva dans une petite rue, près de l'église, un cabinet pour une nuit, et ce cabinet lui coûta un franc : c'était tout ce qu'il possédait.

Pauvre enfant ! qu'il y avait loin de cette misère et de cet abandon aux doux soins qui avaient entouré son jeune âge ! et quelle épouvantable différence entre ces grandes villes, où l'homme ne fait que végéter et vivre à demi, et les riantes campagnes où il s'ébattait autrefois !

Combien il ressentait déjà d'amers regrets et de cruels désappointements !

Il se coucha tout habillé et chercha à dormir pour oublier la faim qui recommençait à le faire souffrir mais le proverbe : *Qui dort dîne*, lui fut complètement menteur.

CHAPITRE VI.

Sainte-Adresse. — Sanvic.

Le lendemain, Nicolas se leva assez tard, mais il avait peine à marcher ; une sorte de désorganisation physique et morale commençait à s'emparer de son être, et malgré toute l'énergie de sa volonté, son courage faiblissait.

C'est qu'il n'est pas de douleur comparable à celle de la faim. Il arrive souvent, dans certaines maladies graves, que l'on supporte une diète prolongée ; mais quand le corps est en proie à l'affaiblissement de la maladie, lorsque les fonctions digestives sont en quelque sorte arrêtées, la privation de nourriture, loin de faire souffrir, diminue les douleurs et constitue un puissant auxiliaire hygiénique. Il n'en est pas de même quand les forces vives de l'organisme existent tout entières, et que le corps, assujetti au travail et à la fatigue, demande sans cesse à réparer ses pertes : une longue diète le force à absorber sa propre substance, et à se détruire pour ne pas mourir.

Alors, les crampes d'estomac, les convulsions intérieures, des tortures plus cruelles que celles de l'inquisition, se succèdent sans relâche pendant un certain nombre d'heures, selon la force de l'individu ; puis les yeux perdent leur perspicacité, la tête s'alourdit, l'intelligence elle-même s'obscurcit, et un affaiblissement prompt et effrayant conduit à la mort..... Heureux ceux qui ne sont pas en proie à une sorte de rage fiévreuse qui les consume en efforts superflus et ne fait qu'augmenter leurs souffrances !

Aussi, depuis cette époque de sa vie, Nicolas ne pouvait songer à la faim sans ressentir un frisson universel.

Lorsqu'il fut levé, il voulut se distraire par la vue des objets extérieurs, et il dirigea ses pas chancelants vers la jetée, où il se promena pendant près d'une heure.

Il survint alors une froide pluie d'ouest qui le mouilla jusqu'aux os ; et il dut chercher un refuge contre la violence de cette averse, qui paraissait devoir durer. Il lui semblait que tout, jusqu'aux éléments, était conjuré contre lui ; car, depuis qu'il avait quitté Paris, il avait déjà été huit fois inondé par une pluie torrentielle, et ses habits avaient séché sur son corps par la chaleur de la marche.

Il avisa donc la boutique d'un charpentier ; il y entra et obtint facilement la permission de s'y reposer quelques instants. Comme la pluie ne cessait pas et qu'il était près de midi, il demanda à la maîtresse du logis où conduisait la route qui passait devant sa maison :

« A *Sainte-Adresse,* » lui répondit-elle.

Aussitôt il prit congé de cette femme, qui dut le prendre pour un fou, et il se traîna jusqu'à ce petit village, situé au fond d'une gorge et dominé par les phares.

Ne valait-il pas autant mourir là qu'ailleurs ?

Il pensa aussi que le curé pourrait lui procurer quelque emploi. C'était, du reste, la première fois qu'il songeait à s'adresser aux prêtres dans son voyage, tant ce qu'il savait de quelques-uns lui inspirait de répulsion pour tous.

Ce ne fut qu'après bien du temps et des épreuves nombreuses qu'il apprit à ne plus rejeter sur le corps les turpitudes des individus. C'est qu'en effet il est de bons prêtres ; il en est qui, malgré les faiblesses humaines et les défauts de caractère dont personne n'est exempt, sont animés des meilleures intentions. Mais parmi ceux-là mêmes, il règne un esprit de corps tellement exclusif, qu'il dégénère en abus. N'accusez jamais un prêtre devant un autre ; vous auriez toujours tort : il couvrirait le délit d'un pan de sa robe, et s'il n'avait *vu*, *de ses propres yeux vu*, *ce qui s'appelle vu*, il ne vous croirait pas ; et s'il vous croyait, il vous dirait encore qu'il faut être charitable et ne pas préjuger sur les apparences.

Il est vrai de dire que si le coupable, ou même, si l'on préfère, le calomnié, était un instituteur primaire ou un simple laïque, l'homme charitable tiendrait un tout autre langage.

Lorsque Nicolas fut à Sainte-Adresse, un tonnelier lui indiqua la demeure du curé. A peine fut-il entré dans un petit salon d'attente, qu'un domestique fort laid et d'une physionomie rébarbative vint le regarder sous le nez ; puis, sans dire un seul mot, cet indigène de Caen ou de

Lisieux courut avertir son maître de la présence de l'étranger.

En vérité, Nicolas regrettait déjà de s'être fourré dans ce guêpier, car il ne pouvait s'empêcher de juger du maître par le valet ; et il était sur le point de s'enfuir, lorsqu'il vit paraître un homme de six pieds, à la barbe rouge et sale, habillé en laïque et coiffé d'un large chapeau à bords rabattus.

L'eau qui ruisselait des vêtements du jeune voyageur avait fait sur le parquet une vaste mare, et il grelottait de froid, de faim et de fatigue.

Le curé lui demanda alors d'une voix brève, sèche et dure, *qui il était, ce qu'il voulait, d'où il venait, où il allait.* Nicolas satisfit à ces questions en peu de mots. L'homme *rouge* voulut voir ses papiers, et Nicolas se contenta de lui présenter son portefeuille, qui était rempli des attestations les plus honorables.

Après l'avoir attentivement examiné, le curé lui tendit la main :

« Entrez, mon ami, lui dit-il, puisque la Providence vous adresse à moi, vous resterez ici jusqu'à ce que vous ayez une place. »

Il était temps ; le pauvre enfant succombait : tant de souffrances et d'émotions l'avaient brisé, et en entendant ces paroles généreuses, il s'évanouit.

Lorsqu'il revint à lui, il était dans un bon lit, et son bienfaiteur était près de lui, surveillant tous ses mouvements avec la tendre sollicitude d'une mère. Quelques gouttes d'un vin généreux rappelèrent Nicolas à la vie, et la nourriture, qu'on ne lui donna que par degrés et avec ménagement, acheva de lui rendre ses forces en peu de jours.

Lorsqu'il fut entièrement rétabli, le bon curé et lui se mirent en quête d'un petit emploi. Après quinze jours de recherches, ils finirent par trouver au Hâvre un instituteur qui voulut bien l'employer dans sa classe *pour sa nourriture*.

A quoi donc lui servaient alors le latin, le grec, les mathématiques et la littérature ?

S'il avait tout bonnement, tout simplement été maçon ou tailleur de pierres, il eût trouvé du travail et de l'indépendance, du pain et de la liberté, dans le premier chantier venu. Au lieu de tout ce noble orgueil de l'ouvrier qui, sa journée gagnée, ne doit rien à personne, on avait surexcité en lui la fierté et la sensibilité par des études, qui ne lui produisaient d'autre résultat que de lui faire éprouver plus cruellement toutes les douleurs de l'amour-propre blessé.

Ces âmes neuves qui n'ont pas encore été brisées au contact de ce qu'on appelle la société, comme les galets sont roulés par les vagues de l'Océan, ressentent avec amertume la moindre parole choquante, le plus petit mauvais vouloir ; elles ont cru à un monde idéal, et quand il leur faut voir le monde tel qu'il est, quand elles sont triturées par les circonstances de la vie réelle, au lieu d'être bercées dans l'existence imaginaire qu'elles avaient rêvée, elles n'éprouvent que de pénibles déceptions.

Pauvres jeunes gens, qui ont foi en la poésie mystérieuse de la vertu, qui croient aux charmes du dévouement, et qui espèrent rencontrer dans les hommes ce qu'ils leur apportent, un cœur naïf et confiant, l'amour du bien et l'ardente générosité de leur âge, à combien de regrets et de douleurs ne sont-ils pas voués !

Et certes, les rares moments de bonheur qu'ils saisissent au vol ne sont pas une compensation suffisante de tout ce qu'ils ont à souffrir pour arriver à la prose de la vie ordinaire.

A quoi bon tant de nobles pensées et de sentiments élevés, pour être exposé plus tard à devenir, dans la compagnie des hommes, ou bassement envieux, ou lâchement égoïste ?

Avec les loups ne faut-il pas hurler ?

Le curé de Sainte-Adresse fournit à Nicolas un matelas, des draps, une couverture, des livres et quelques bouts de chandelle, afin qu'il pût travailler après la classe du soir.

Que de déboires n'éprouve-t-on pas dans certaines positions !

Son patron, ancien séminariste, le chargeait de tout le travail de sa classe, et lui donnait l'expectative de le mettre, six mois après, aux appointements de cinq francs par mois. En revanche, il était nourri comme on ne l'est pas chez les derniers paysans de la Lorraine : un hareng salé et une *soupe à l'oignon* composaient leur ordinaire de la semaine ; puis, quand venait le dimanche, on se mettait en frais.

Six sous de fricot, pris chez e gargotier voisin, et une carafe de petit cidre, faisaient leur festin à trois ; puis on intimait à Nicolas l'ordre d'aller se coucher.

Il retournait deux tables de l'école, plaçait là-dessus

son matelas, et se juchait sur cet échafaudage branlant jusqu'au lendemain cinq heures du matin.

Après huit jours, on trouva mauvais que Nicolas brûlât sa chandelle pour chercher à s'instruire : cela le fatiguait, disait-on, et il ne pouvait pas tant faire à la fois ; d'ailleurs, il pouvait mettre le feu par imprudence, et c'était la grande crainte de la maîtresse de la maison.

L'instituteur était un très-commode mari, et il se soumettait aux moindres caprices de sa femme ; aussi, on défendit formellement à Nicolas de continuer à travailler le soir, et on poussa la précaution jusqu'à venir deux fois le surveiller pour le forcer à éteindre sa lumière.

Il y avait douze ou treize jours qu'il était là, quand son protecteur vint le voir. C'était un jeudi, et le sous-maître sans appointements étudiait de l'anglais à la classe.

« Comment vous trouvez-vous ici ? lui demanda le *bourru bienfaisant* avec sa rudesse ordinaire.

— Mais assez bien, répartit Nicolas, qui ne voulait rien laisser soupçonner.

— Pourquoi donc avez-vous si mauvaise mine ?

— Je ne sais ; peut-être le travail et la privation d'air y sont-ils pour quelque chose.

— Vous ne me dites pas la vérité. Suivez-moi. »

Et saisissant le matelas, les draps, la couverture, il jette tout cela dans une voiture qui attendait au bas de l'escalier, et se plaçant avec Nicolas dans un coin du *coucou*, il ramène son protégé à Sainte-Adresse.

A la brusquerie d'un marin, le curé joignait la franchise et la générosité les plus extraordinaires ; mais son caractère excentrique et emporté lui avait déjà attiré l'animadversion de l'archevêque. On l'avait accusé de jansénisme, et on lui avait manifesté une très-grande mauvaise volonté dans maintes occasions.

Tenace et opiniâtre, il s'était attaché à ses idées précisément parce qu'on exigeait qu'il les abandonnât. Mais lui aussi ne s'était pas assez méfié de la haine cléricale. On lui fit subir tant de tracasseries et de vexations, qu'il finit par se lasser, et il s'expatria quelques années après, pour aller en Russie chercher près du clergé grec la paix que lui refusait le clergé catholique.

Il possédait cependant à un haut degré cette charité qui faisait beaucoup pardonner *au temps du Christ*, et sans laquelle Saint Paul assure que tout le reste n'est rien.

Mais les hommes d'extérieur ne croient guère à cette vertu, qui n'est bonne, à leurs yeux, que dans les livres, et qui n'a plus cours dans la pratique.

Du reste, cet ecclésiastique n'était pas riche : il s'épuisait en bonnes œuvres et soutenait sa vieille mère, qui demeurait à quelques lieues de là. Nicolas savait toutes ces circonstances et se reprochait d'être à sa charge. Il s'occupait au jardin et cherchait à se rendre utile à la maison; mais il désirait vivement trouver quelque chose.

Le curé de Sanvic venait assez souvent. Sa paroisse, située sur le plateau qui domine Sainte-Adresse, à l'est, était le but fréquent des promenades de Nicolas, qui voulait apprendre l'anglais, afin d'ajouter une corde à son arc. Le curé lui prêtait des livres et l'aidait de ses conseils dans l'étude difficile de la langue d'Albion.

Il apprit un jour à Nicolas que l'instituteur de Sanvic

avait besoin d'un aide : il ne pouvait suffire à son travail, obligé qu'il était de donner des soins à sa femme, qui se mourait d'un cancer. Le sous-maître devait être nourri, chauffé, et on lui assurait dix francs d'appointements par mois.

Le curé offrit à Nicolas de lui procurer un logement et de lui faire avoir quelques leçons pour élever ses appointements à un chiffre suffisant. Il aurait d'ailleurs une occasion facile d'étudier l'anglais, et ce motif était tout puissant sur le jeune homme.

Il alla dès le même soir rendre visite à l'instituteur, et le lendemain il entrait en fonctions par le café du matin.

C'était un homme d'un commerce facile et d'une probité remarquable, que cet instituteur. Il sut apprécier les services que lui rendait son jeune professeur, et il s'attacha sincèrement à lui.

Le curé avait logé Nicolas dans sa bibliothèque ; et pour son esprit ardent, amoureux de l'étude et des grandes scènes de la nature, il y avait là un double avantage : de son lit, il pouvait voir la rade et admirer sa forêt flottante de mâts et de cordages ; et puis des livres..... beaucoup de livres, anglais, français, latins, de science sérieuse ou de distraction : c'était plus qu'il n'avait jamais désiré.

Il n'est pas de roses sans épines, pas d'avantages sans inconvénients : la mère et la sœur du curé le voyaient avec déplaisir, et Nicolas comprenait que si, dans cette maison, il était haï des femmes, la position ne serait plus tenable. C'est que les femmes sont le mobile universel ; et, depuis le presbytère jusqu'au château seigneurial, les véritables maîtres portent des jupons. Ceci est vrai, quoi qu'on en dise, et on en subit partout la conséquence.

Nicolas fit si bien, qu'au bout de trois semaines ces deux femmes le considéraient comme leur enfant.

Il apprit aisément l'anglais, tant avec le curé que dans la fréquentation de plusieurs familles anglaises qui habitaient les environs.

Ainsi, après la tempête et l'orage, on voit reparaître le calme et un rayon de douce chaleur. Il arrive souvent, dans la vie, que l'on croit être parvenu au comble des misères humaines ; on rejette tout espoir, on se dit malheureux à toujours, et il suffit d'une circonstance bien simple, futile même en apparence, pour ramener de meilleurs jours.

Nicolas était heureux alors. Ses parents, à qui il avait écrit plusieurs fois, étaient fort contents ; et il eût pu se faire par la suite une position avantageuse, s'il s'était mis en garde contre le tyran commun de l'humanité.

L'amour donne rarement tout le bonheur qu'il semble promettre, et il devait avoir pour Nicolas de tristes conséquences.

CHAPITRE VI.

Les premières amours de Nicolas.

Vers la fin de décembre de cette année 1840, Nicolas vit arriver chez le curé une jeune fille à la mise simple et décente, au regard doux et modeste; elle portait un paquet assez volumineux qu'elle lui remit.

Il devait en faire l'usage qu'il savait.....

Le soir, dans une conversation indifférente, il advint qu'on parla de cette jeune fille; et Nicolas apprit qu'elle employait une partie de son temps à travailler pour les pauvres, et qu'elle consacrait à leur soulagement toutes ses petites économies.

Le curé lui demanda s'il voulait descendre avec lui dans le quartier de sa paroisse, situé au bord de la mer, et faire une excursion dans les nombreuses mansardes habitées par l'indigence. Nicolas y consentit volontiers, car il se sentait porté à aimer cette partie du peuple dont le lot est la souffrance, et à laquelle il appartenait lui-même par tant de liens sacrés. Cette affection pour les malheureux ne fit que se développer en lui ; et plus il souffrit, plus il aima ses frères de détresse et d'affliction.

La disette de travail et de pain était grande en 1840, le froid rigoureux et la misère effroyable. Plusieurs malheureux ouvriers, contraints par une odieuse nécessité, s'étaient rendus voleurs pour qu'on les mît en prison, et qu'ils fussent ainsi à l'abri de la faim.

Un autre, plus infortuné parce qu'il fut plus coupable, se laissa égarer par des conseils perfides ; et un jour, il assassina !...

Il en est par le monde qui ne savent ce que c'est que pleurer de faim et de froid, et d'entendre ses enfants demander du pain, quand on n'en a pas à leur donner. Ces gens au cœur sec et dur croient que tout est pour le mieux ; et quelques-uns d'entre eux honorèrent par la suite Nicolas de leur haine, parce qu'il ne partageait pas leur avis.

Mais il avait souffert, et il avait vu bien des douleurs ; il ne pouvait tomber dans de telles absurdités.

Quelques-uns disent que le peuple est malheureux par ses vices, et cela est vrai jusqu'à un certain point ; mais qu'ils lui donnent une part plus large dans les biens sociaux, qui sont le domaine de tous ; qu'ils lui donnent l'instruction, qui est la base de la vertu ; qu'ils le débarrassent ainsi de ses vices, et lui procurent ensuite le moyen de gagner sa vie par le travail. Voilà la réponse.

A chacun part égale quand la mise est égale : c'est là

un axiôme commercial. Que sera-ce donc si les mises ne sont pas égales ?

Et qui osera dire que le peuple ne fournit pas à la masse sociale un contingent plus considérable que ses inutiles adversaires ?

J'allais presque oublier que le curé de Sanvic et Nicolas étaient arrivés au bas du Perrée par un froid aigu et piquant. Ils étaient bien enveloppés dans leurs manteaux, et cependant ils grelottaient sous l'influence des quinze degrés de froid qui glaçaient l'atmosphère. Nicolas portait le paquet de hardes et de linge, et le curé portait la bourse, dans laquelle il avait glissé quelque argent de ses économies personnelles.

La première mansarde qu'ils visitèrent était habitée par une pauvre femme malade et ses quatre enfants ; l'un des petits garçons tenait à la main un morceau de viande qu'il mangeait sans pain.

Nicolas voulut en goûter : c'était de la chair de cheval !...

Ils avaient été prévenus par un ange de bonté qui avait apporté à la pauvre mère de quoi se procurer du bouillon et des remèdes, et ils donnèrent seulement des vêtements pour les deux plus jeunes enfants.

Le reste, hardes et argent, fut distribué en plus de dix endroits ; et à la fin de leurs courses, ils souffrirent de n'avoir plus rien à donner, car il semblait que les misères surgissaient devant eux dans toute leur laideur hideuse. Ils auraient voulu donner encore, lorsque déjà tout était partagé ; et ils promirent à plusieurs infortunés de revenir dès le lendemain.

Plusieurs fois Nicolas avait cru reconnaître une suave

apparition qui, semblable à une fée bienfaisante, allait presque de mansarde en mansarde : il était tenté de se précipiter sur ses traces ; mais il craignait de commettre une indiscrétion.

Ils rentrèrent vers onze heures du soir, et il ne put travailler : des sentiments nouveaux et inconnus jusqu'alors se pressaient dans son âme, et il était sous l'influence de cette bonne et triste soirée.

Il se surprit à envier le sort des riches, qui pourraient se procurer, s'ils le voulaient, de si douces jouissances, et *passer sur la terre en faisant le bien.* Il lui était impossible de détourner sa pensée de la détresse du pauvre, et il accordait toute son admiration à ceux qui la soulageaient ainsi.

Qu'il se trouvait heureux dans sa petite chambre chaude et bien close, dans un bon lit, quand il comparait tout ce confortable à ce qu'il venait de voir !

Quelques planches mal jointes à travers lesquelles souffle un aigre vent du nord, point de pain, point de feu, un peu de paille humide pour grabat, et un air contagieux et méphitique ; voilà ce qu'on rencontre souvent, et en hiver surtout, dans l'habitation du pauvre. Et l'on veut qu'il se trouve bien ainsi ! Mais alors on est conduit à une double alternative dont une seule est possible, et dont la double nécessité est invincible : ou détruire chez le pauvre le sentiment, inné au cœur de l'homme, qui le fait tendre sans cesse au bien-être ; ou lui donner progressivement cette amélioration de situation matérielle que tant de besoins impérieux réclament, et qui dépend de l'organisation de la société.

C'est là qu'est la cause puissante de la lutte dont le

monde est aujourd'hui le théâtre, et dont on ne saurait prévoir le terme.

Mais, quel que puisse être le dénoûment, il ne doit ni ne peut y avoir de parias en France.

Il fut impossible à Nicolas de dormir de toute la nuit; car, au-dessus de toutes ces souffrances, il voyait planer la gracieuse figure de cette enfant qu'il n'avait fait qu'entrevoir, mais à laquelle il donnait son cœur et son âme.

Pendant cette longue insomnie, il comprit ce qui lui manquait pour atteindre le seul bonheur relatif qu'il soit permis de désirer. Il sentit par avance tout le charme de ces douces confidences faites à une femme aimée, et il éprouva ce besoin de rêveuse affection qui fait vivre double lorsqu'il est satisfait, parce que l'on vit alors et de sa propre existence et de la vie de l'objet aimé; parce qu'on n'est plus seul sur la terre, et qu'on partage avec un être chéri les peines des mauvais jours et les joies des moments heureux.

Déjà il bâtissait son roman; il songeait à l'occasion de se rapprocher d'*elle*, de la voir, de lui parler; il voulait lui dire qu'il l'aimait et qu'elle était désormais la maîtresse de sa vie.

Cette occasion se présenta plus tôt qu'il ne pouvait le prévoir, car *elle* vint le 1ᵉʳ janvier suivant, accompagnée de quelques amies, rendre une visite à la sœur du curé. Nicolas était là, et il put à son aise contempler celle qu'il faisait ainsi la reine de son cœur.

Elle était petite, mais bien faite; des cheveux noirs comme le jais faisaient ressortir délicieusement la blancheur de son cou et de ses épaules, et sa prunelle lançait des flammes; mais, cependant, il y avait tant de douceur, de naïveté et de candeur dans toute sa physionomie, qu'on ne pouvait se défendre de l'aimer.

Spirituelle et bien élevée, elle ne savait pas qu'elle fût jolie ni qu'elle eût de l'esprit ; et ses compagnes lui témoignaient la plus vive affection. Si elle avait été seule, Nicolas se serait jeté à ses genoux ; mais elles étaient quatre..... Il avait si grande peur de laisser lire sa pensée à d'autres, qu'il fit des efforts inouïs pour se contenir ; et pendant qu'il voulait n'être que poli et prévenant, il sentit instinctivement qu'il était gauche et maladroit.

Il voulut se dérober à son embarras par la fuite ; mais une force dont il ne pouvait se rendre compte le tenait cloué à sa place, et son cœur battait à lui rompre la poitrine.

On parla de jeux, de moyens de passer la soirée ; il fut son partner : c'était presque du bonheur.

Puis vint l'heure de se retirer. Nicolas obtint la faveur d'accompagner les visiteuses jusqu'à leurs demeures. Comme celle qu'il aimait avait à faire le plus long trajet, il put être seul avec elle pendant quelques minutes ; mais il se sentit tellement dépassé par cette charmante fille, qu'il n'osa rien dire de lui-même, ni de ce qu'il éprouvait pour elle. Il apprit seulement qu'elle avait dix-huit ans, qu'elle se nommait Eugénie, et venait dans son quartier deux fois par semaine. C'était assez pour une première entrevue, et il la quitta à la porte de la maison de son père.

Les semaines commencèrent à lui paraître longues, et le jeudi tarda bien à venir. Il ne put la voir que de loin, et il était malade et souffrant, à force d'éprouver la nécessité d'aimer et d'être aimé. D'ailleurs, le curé l'avait deviné, et il tentait l'impossible en cherchant à régler le plus impétueux des sentiments. Nicolas aimait plus qu'il ne se l'avouait à lui-même ; il comprenait l'amour, quoiqu'il ne l'eût jamais ressenti avant cette époque, et il aurait continué à aimer toute sa vie cette jeune fille, quand même il n'aurait eu aucun sujet d'espérance.

La véritable tendresse n'est pas égoïste ; cependant, trois semaines après, Nicolas put s'apercevoir qu'il ne déplaisait pas, et que ses assiduités, ses prévenances, avaient fait un chemin rapide dans le cœur de celle qu'il adorait. Il se hasarda à lui demander un entretien, mais en plein jour, dans un lieu où tous pouvaient les voir, car il ne voulait pas que l'ombre d'un soupçon pût s'étendre sur son amie ; et Eugénie lui accorda ce qu'il demandait avec la plus entière franchise.

Quand il lui eut exprimé son amour et les tendres sentiments qu'elle lui avait inspirés, l'aimable fille lui avoua sans détour qu'elle aussi se sentait portée à l'aimer, et qu'elle le verrait avec bonheur s'adresser à ses parents ; mais que leur consentement était indispensable pour qu'elle continuât à le voir et à lui parler.

« D'ailleurs, mon ami, ajouta-t-elle, je vous aiderai de tout mon pouvoir, et je vous réponds de ma mère. Voyez donc mon père dès demain, et ce soir, au coucher du soleil, je reviendrai des phares. Vous pourrez me rencontrer sur le sentier de la falaise. Pensez qu'il dépend de vous de me rendre la plus heureuse des femmes. »

C'en était assez pour le rendre fou d'amour, et elle lui aurait fait faire le tour du monde avec cette franchise naïve et son charmant sourire.

Il se présenta donc le lendemain au père de son amie; lui déclara nettement qu'il aimait sa fille, et, sans lui cacher sa pauvre fortune, il lui fit part de ses espérances. Le vieillard l'accueillit avec bonté, et l'autorisa à parler à Eugénie, pourvu qu'elle y consentît. Cette condition était, suivant l'ordre, remplie d'avance. Nicolas, heureux et transporté, était au rendez-vous une heure avant le moment fixé, et jamais les minutes ne lui semblèrent aussi longues. Il cherchait bien à se distraire par la vue de la mer, du paysage et de ces beautés de la nature qu'il aimait aussi pourtant; mais ce premier culte disparaissait devant le nouvel amour, ou plutôt il avait besoin maintenant d'être *deux* pour retrouver et admirer encore le spectacle qui l'avait tant charmé autrefois.

Deux amours ne peuvent guère subsister à la fois; l'un d'eux s'efface toujours pour faire au nouveau venu un trône éphémère et momentané. Il arrive souvent que les premiers moments d'exclusion écoulés, les deux passions vivent dans un mutuel accord; et alors le cœur a deux maîtres ou deux bonheurs pour un. Cette situation, plus calme, plus douce que la première, est la source de la félicité du sage, tandis que le jeune homme suit presque toujours le dernier sentiment, celui qui fait vibrer et résonner plus fortement les cordes de son âme.

Eugénie parut enfin, et du plus loin que Nicolas la vit arriver, il courut à sa rencontre. Elle avait compris à son visage qu'il avait réussi; et, à partir de ce moment, elle devint sa sœur bien-aimée et la tendre compagne de ses joies et de ses douleurs.

Ils s'assirent au bord de la falaise, et là, ils échangèrent les plus doux serments et la sainte promesse de s'aimer toujours. Ils avaient pour témoin de leur amour toute la nature, qui avait semblé si triste à Nicolas une heure auparavant, et qu'il trouvait maintenant embellie de son bonheur. Ils vivaient; car aimer, c'est le complément de la vie, et le cœur ne prend son développement et ses forces que sous la pression de l'amour.

Le soleil était caché dans les vagues ; la nuit tombait, et ils étaient encore là, les mains entrelacées, occupés à ces ravissantes causeries de deux cœurs qui débordent de tout le feu sacré de la jeunesse. Combien Nicolas trouvait de beauté à cette douce enfant, lorsque, penchant sur lui sa tête charmante, répondant à la pression de sa main, elle lui dévoilait les délicieuses tendresses de son âme virginale ! de quel chaste abandon elle écoutait, appuyée sur son épaule, ses projets d'avenir et souriait à ses espérances ! Puis, à son tour, avec une gracieuse naïveté, elle lui faisait la peinture de la félicité qu'elle attendait de lui, de l'affection et des soins attentifs dont elle voulait l'entourer. Et tous ces trésors d'un cœur aimant, elle les lui donnait, à lui, pauvre exilé du village, naguère en proie aux cruelles douleurs de la faim, et maintenant comblé de la félicité la plus pure et la plus intime !

Ils revinrent lentement le long de la mer, et après être convenus des jours où ils pourraient se voir, Nicolas reconduisit sa bien-aimée à sa famille. Il passa quelques instants avec ces excellentes gens, puis il revint chez lui respirer la brise du soir, y rechercher les traces de son amie, et jouir de son bonheur dans le calme de la solitude.

En vérité, ceux qui n'ont pas éprouvé dans leur jeunesse l'influence magique d'une femme, et qui ont perdu ce temps dans des plaisirs plus bruyants, qui n'apportent au cœur que le vide, l'égoïsme et les regrets, sont bien malheureux. Une femme est, dans toutes les conditions de la vie, une amie dévouée et tendre pour l'homme de son choix ; mais quand elle porte le cachet de la distinction, quand elle est bonne, spirituelle, aimable, elle élève son amant au-dessus d'elle-même, agrandit son intelligence et le pénètre de cette suave délicatesse qui manque presque toujours à l'homme et que la femme possède à un très-haut degré dans de telles circonstances. Sans Laures il est peu de Pétrarques. La femme, en un mot, est le don de Dieu et le plus riche joyau de l'humanité.

Nicolas éprouva toutes ces conséquences de l'amour ; il sentait ses idées et ses manières s'épurer et s'ennoblir, et il cherchait à se rendre digne de celle qu'il aimait. Cette année lui fut plus utile en ce sens que n'avaient été les dix ans d'études qui avaient précédé.

Il est facile d'être bon et d'aimer la vertu quand on est heureux ; et on ne doit pas s'étonner si ceux qui souffrent se laissent entraîner à de mauvaises actions, car la misère dégrade l'homme au moral comme au physique.

Nicolas fut parfaitement heureux jusqu'au mois de juin suivant. Il avait quitté l'instituteur de Sanvic, et il était entré en qualité de chef d'études dans un pensionnat du Hâvre. Son dessein était de se faire recevoir bachelier et de trouver ensuite dans l'enseignement privé une position honorable, afin de pouvoir donner à son amie la considération que toutes les femmes ambitionnent. Quant à la fortune, Eugénie était dans l'aisance, et il n'avait pas à se préoccuper de ce côté-là ; il lui suffisait de conquérir une position.

Mais il avait été décidé autrement par le grand Maître des choses, et il lui fallut se courber sous les événements.

La mère de Nicolas lui écrivit deux fois pour l'engager à revenir faire dans son pays un séjour momentané. Les affaires du père Nicolas étaient dans le plus piteux état, et la présence seule de son fils pourrait le déterminer à vendre son bien pour satisfaire ses créanciers et ne plus accumuler ses dettes par l'addition d'intérêts ruineux. Nicolas connaissait le devoir d'un fils : il ne balança pas à échanger le bonheur contre la misère.

Il fit donc à son amie et à ses protecteurs des adieux qui devaient être bien courts, puisqu'il pensait pouvoir être de retour avant sept ou huit mois. Il espérait, pendant ce temps, parvenir au baccalauréat et engager son père à en finir avec ses créanciers.

Le premier et dernier baiser d'amour, cueilli dans les larmes, sur les lèvres de la plus aimée des femmes, fut pour lui un souvenir et un gage de tendresse ; mais il laissa dans son âme une impression de tristesse qui ne devait jamais s'effacer. Il ne croyait guère aux pressentiments ; mais quelque chose lui disait intérieurement qu'il fuyait le bonheur, et qu'il ne pourrait jamais le retrouver.

CHAPITRE VIII.

Nicolas ouvrier dans une fabrique.

A son arrivée dans son pays natal, Nicolas obtint de son père qu'il vendrait tout ce qu'il possédait pour payer ses dettes. Mais cette affaire traîna en longueur et ne fut terminée qu'au mois de novembre.

La justice, la procédure et les actes de toute espèce se font en France d'une manière si expéditive et si consciencieuse, qu'après six mois de retard les avoués parvinrent à escroquer cinq mille francs à la pauvre famille ; et, au lieu d'être complètement débarrassé de ses dettes, le père Nicolas devait encore trois mille francs dont son fils fut obligé de répondre plus tard.

Si, dans ce monde, il existe une chose à laquelle Nicolas voua une haine cordiale, c'est la gent avocassière : machines à sons et à paroles, possédant l'art d'embrouiller les choses les plus simples, et de réduire à la misère ceux qui ne sont qu'à demi ruinés, les avoués et tous leurs noirs acolytes avaient été si souvent maudits par lui, qu'il finit par voir en eux une race damnée et infernale.

Mais peut-être n'est-ce pas entièrement de leur faute, s'ils savent si bien s'engraisser aux dépens des malheureux. Les formes judiciaires sont d'une lenteur révoltante dans ce pays ; et quoi qu'on en puisse dire, il vaudrait mieux, à cet égard, être en Turquie qu'en France.

Ici, trop de portes sont ouvertes aux escroqueries des gens de loi, et le péché mignon des Bas-Normands ne se rencontre pas seulement sur les bords de la Manche. Il suffit, pour le voir, d'entrer dans une étude d'avoué, noire échoppe de chicanes, où se consomme la ruine des uns pour enrichir les autres.

Un des plus pressants besoins de notre société serait donc la simplification de la justice.

La véritable force des nations consiste dans l'accomplissement et l'exécution du droit ; et lorsque le droit est anéanti sous la forme, la décadence marche à grands pas. D'ailleurs, un des suprêmes attributs de la divinité est la justice, et si l'homme néglige d'imiter Dieu par cette vertu, les châtiments de la colère divine s'étendent sur les générations rebelles.

Nicolas avait aussi résolu de chercher pour son père un emploi hors de son village, afin de l'arracher aux occasions de cabaret, si nombreuses et si désolantes pour toute sa famille. Un ami, qu'il était allé voir à cet effet, lui apprit qu'une place de contre-maître était vacante dans une fabrique des environs, et l'engagea beaucoup à aller avec son père solliciter la préférence. Nicolas partit, en conséquence, le même soir, avec son père et sa mère. Il avait neigé, et il fallait traverser une forêt assez étendue ; ils s'égarèrent et ne purent parvenir à l'endroit indiqué que le lendemain. Tout fut lestement conclu ; et il fut convenu que le père Nicolas se rendrait à ..... le 25 décembre au plus tard, et que le reste de la famille le suivrait quinze jours après, c'est-à-dire le 1er janvier 1842.

Au jour fixé, toute la famille était réunie, et Nicolas fit un dur apprentissage d'un métier bien frivole ; il devint *ferreur de lacets* ; c'est-à-dire que son occupation, de sept heures du matin à onze heures du soir, consistait à adapter au bout des lacets ces petits morceaux de cuivre qui servent à les introduire dans l'orifice des œillets.

Ce fut là qu'il apprit à juger les parvenus industriels à leur valeur *réelle et vénale*. Aussi, l'année dernière, il ne pouvait réprimer un sourire de mépris et d'indignation, lorsqu'il lisait dans les journaux les mensonges débités par certains industriels défendant leur propre cause. Un mot de calcul suffira pour faire comprendre le véritable état des choses dans la plupart des fabriques, et prouver le peu de foi qu'il faut accorder aux hommes d'argent et à leurs paroles intéressées. Une grosse contient cent quarante-quatre lacets, ou deux cent quatre-vingt-huit bouts, et chaque morceau de cuivre à ajuster par les procédés mécaniques exige six coups de métier : or, cela représente mille sept cent vingt-huit coups pour une grosse ; et la grosse était payée, à Nicolas et à ses compagnons de travail, terme moyen, cinq liards ! Lorsqu'après une journée de seize heures, on avait *ferré* seize grosses de lacets, on avait bien travaillé ; pourtant on n'avait gagné qu'un franc, et on avait frappé la somme énorme et effrayante de vingt-sept mille six cent quarante-huit coups de métier !

Voilà la manière dont les fabricants rémunèrent les ouvriers, et ils osent cependant dire que la philanthropie est leur seul mobile, et qu'ils se ruinent pour donner aux malheureux les moyens de gagner leur vie.

Que l'on s'empresse donc d'ouvrir une souscription en faveur de ces infortunés, au profit de ces bienfaiteurs de l'humanité !... Celui dont il est question ici faisait deux ou trois cents francs de bénéfice net par jour ; il avait commencé par être marchand forain, et maintenant il possède plus d'un million.

Des deux aristocraties qui se partagent le bonheur matériel dans notre société, il en est une que l'on ne peut s'empêcher de respecter encore, à raison des généreux souvenirs qui s'y rattachent. La noblesse proprement dite a souvent conservé les grandes pensées des traditions antiques, et, malgré son attachement à ses titres et à ses hochets extérieurs, elle est française. Mais quant aux barons de la finance, quant aux bourgeois gentilshommes qui pullulent dans notre siècle, il en est peu qui méritent beaucoup d'estime. Sans avoir les qualités de la caste dont ils veulent singer les manières, ils en ont tous les vices, et ils ont su y ajouter tous les défauts de la bourgeoisie.

Ils seraient peut-être demeurés d'estimables marchands, et ils sont devenus des riches méprisables. C'est parmi ces gens-là que l'on rencontre l'égoïsme systématique, et il ne faut guère compter sur les hommes à breloques et à prétentions abdominales, pour l'accomplissement d'une bonne œuvre.

Vraiment, si ces marquis de la pièce de cinq francs n'avaient à payer au peuple que son temps et son travail, on n'aurait peut-être que peu de chose à leur reprocher; la journée cumulée de toute la famille lui donnerait presque le moyen de vivre : mais comment paieront-ils la perte des mœurs de nos filles? Comment paieront-ils la honte qui se glisse après eux dans nos maisons? Comment paieront-ils le dégoût pour les nobles travaux des champs, et les habitudes de crapule et d'ivrognerie qui lèvent la tête partout où ils établissent leurs fabriques?

L'industrie est certes une des branches de la prospérité publique à laquelle on doit porter le plus grand intérêt, et dont il faut désirer le succès, parce que la place de la France doit être la première en tous genres : mais il faudrait aussi qu'on réglementât les mœurs dans les fabriques, non par des paroles, mais par des actes; il faudrait que tout contre-maître, directeur ou maître de fabrique, qui aurait séduit et déshonoré une ouvrière, fût puni d'une forte amende et, de plus, condamné à une peine infamante d'une durée déterminée.

C'est qu'il y a dans cette séduction de l'ouvrière des fabriques un genre d'infamie qui lui donne tous les caractères du viol : au lieu de la force matérielle, le lâche séducteur emploie la force morale, et la malheureuse est placée dans l'alternative de consentir à son déshonneur ou d'être chassée de la fabrique et privée de travail, ou encore d'être écrasée par les punitions disciplinaires.

Il y avait, dans la fabrique où était Nicolas, environ cent quatre-vingts ouvriers et ouvrières, et jamais il ne fut témoin d'autant de turpitudes que celles qui se passaient dans ce cloaque : l'obscénité y était en quelque sorte à l'ordre du jour, et, dans tous les coins, on entendait les propos les plus dégoûtants.

Si l'on ajoute les coups de martinet et de nerf-debœuf, les injures grossières, les amendes qui enlèvent à l'ouvrier un cinquième environ de son salaire, on aura la peinture exacte de ce qui se passait alors dans cette fabrique. Ce ne sont pas ici des allégations inconséquentes, ni de vagues *ouï-dire*; et malgré tout ce que des avocassiers peuvent répéter à tous les échos possibles, Nicolas s'est convaincu, par le témoignage de ses yeux, de la vérité de faits tellement ignobles, qu'un honnête homme ne peut s'abaisser à les défendre. Il y avait là de pauvres *rattacheuses* obligées de se tenir debout pendant seize ou dix-sept heures, et qui ne gagnaient que quatre-vingts francs par an, c'est-à-dire *vingt-six centimes* par jour de travail. Comment se nourrir là-dessus, sans compter le reste? Et quand une amende de vingt-cinq centimes venait frapper la pauvre enfant pour un léger retard, pour une minute de sommeil ou un mot glissé à l'oreille de sa voisine, elle avait travaillé tout le jour pour *un centime* !

Retombé des hauteurs de la poésie et de l'amour pur et chaste dans la prose misérable d'un tel positivisme, côte à côte du crime le plus fangeux, Nicolas n'avait cependant pas perdu tout espoir. Il avait presque fini de revoir les matières de son examen, et, comme il ne lui restait plus qu'à relire les poètes grecs et les latins, il déchirait chaque jour cinq ou six feuillets de Virgile ou d'Homère, et les plaçait à côté de son métier, à l'opposé du contre-maître, afin de pouvoir étudier, en travaillant, ces amis de son enfance. Il comptait donc bientôt se présenter à l'examen et réaliser le beau rêve qui s'était présenté à lui, lorsque le plus épouvantable malheur vint briser sa vie, anéantir ses projets, et presque le priver de l'intelligence.

Un jour, à midi, il revenait de la fabrique pour participer au repas de la famille ; sa mère lui remet une lettre à son adresse ; il brise le cachet sans le voir.....

Elle était morte....., morte de consomption et de désespoir !

Sa dernière parole avait été celle-ci : « Je l'aimais ; j'aurais voulu vivre pour lui ; mais dites-lui que nous nous retrouverons là-haut. »

Pauvre enfant ! Elle avait à peine connu le bonheur mystérieux de l'amour, que l'absence et la séparation de celui qu'elle aimait étaient venues jeter le découragement dans son cœur et détruire la santé de son corps. Au contraire des âmes vulgaires, qui trouvent l'oubli dans l'éloignement, Eugénie avait senti son amour s'accroître de toute la distance qui la séparait de celui que, dans ses moments d'expansion, elle nommait son frère ; sa pensée le suivait partout, et elle aurait voulu l'accompagner dans toutes les misères auxquelles elle le savait exposé pour l'envelopper de son affection comme d'une égide, et l'entourer de la plus ardente sollicitude.

Il est bien cruel de mourir d'amour ; mais ceux qui restent sur la terre sont plus à plaindre que ceux dont l'exil est fini. Nicolas resta deux mois entiers dans la plus profonde atonie; il n'était plus qu'une sorte d'automate, et ses parents tremblèrent pour sa raison. La nature prit enfin le dessus, et il se rétablit lentement. Il finit par vivre comme les autres hommes; mais il les entendait à peine. Il ne travaillait qu'avec horreur à son odieux métier, et son esprit était constamment à la recherche de son amie dans ces régions éthérées qu'elle devait habiter. Il aurait voulu mourir pour la suivre et la retrouver dans cette vie intellectuelle et dégagée de la matière, qui est le partage de l'âme pure.

Mais il n'avait pas encore assez souffert sans doute, et il était réservé à d'autres douleurs.

Ceux qui ne comprennent pas la chasteté de l'amour, qui ne sentent que l'entraînement brutal de la matière, ne croiront pas que l'on puisse aimer les morts; mais Nicolas conserva dans son âme le culte et la mémoire de cette pure et belle enfant, qui lui avait voué les plus tendres mouvements de son cœur, et pas un seul jour ne s'est écoulé depuis cette triste époque, qu'il ne lui ait payé le tribut de ses regrets.

Deux ans après, le père d'Eugénie envoya à celui que sa fille avait tant aimé une boucle des cheveux de cet ange et un petit anneau qu'elle portait habituellement. Ces deux souvenirs ont été conservés par lui comme un précieux talisman, et rien sur la terre ne pourrait les lui faire abandonner.

CHAPITRE IX.

Second Voyage. — Troyes et la Champagne.

Nicolas resta dans cette déplorable situation jusqu'au printemps de 1843, détestant de toutes les forces de son être la fabrique et tout ce qu'il y voyait; travaillant tantôt bien, tantôt mal; gagnant quelquefois dix francs par semaine, et quelquefois deux francs. Il continuait à étudier, et s'occupait du petit jardin attenant à la maison; mais il avait peu de relations avec les jeunes gens du village : leurs discours, leurs manières, leurs mœurs lui déplaisaient; sa présence avec eux eût été déplacée et inconvenante. Cependant il se convainquit alors d'une vérité incontestable, que beaucoup cherchent à nier aujourd'hui : c'est que le peuple, ignorant, est vicieux et abject; qu'il devient servile à mesure qu'il s'abrutit, et que ceux qui veulent rejeter l'instruction populaire prennent le meilleur moyen d'asservir et de maîtriser les masses.

Il faut donc instruire le peuple, mais l'instruire sérieusement ; lui faire connaître, après les éléments de la science, quels sont ses *droits* et ses *devoirs* sociaux, religieux et de famille. Ce n'est que par ce sage tempérament de l'obligation de la société par l'obligation de l'individu, et réciproquement, qu'il sera possible de diriger vers la vertu les générations nouvelles. Or, sans vertu, avec du verbiage et de vains sons, où prétend-on conduire le peuple de France ? Est-ce en accaparant le monopole d'un enseignement qui devrait être libre que les hommes intéressés à l'ignorance du peuple le rendront vertueux ? Quels exemples lui donnent-ils ? Si l'exemple vient d'en haut, et s'ils se croient, dans leur orgueil, plus élevés que les classes populaires, comment veulent-ils que le vice ne pénètre pas dans les derniers rangs de l'échelle sociale, quand eux, *les chefs*, croiraient se tromper et faire erreur, s'ils étaient justes et dévoués au bien public ?

Mais je m'arrête ; je n'ai pas à établir ici une discussion sur cet important objet : peut-être l'occasion s'en présentera-t-elle un jour, et il me suffit de soumettre cette pensée à la méditation des hommes droits et sensés.

Lorsque l'hiver fut passé, Nicolas voulut tenter la fortune dans un second voyage, et chercher à s'assurer un avenir. Il était pour sa famille une véritable charge ; car, dans la disposition d'esprit et de cœur où il était, il ne travaillait pas assez régulièrement pour compenser la dépense qu'il occasionnait. Il partit donc vers le mois de mars, emportant dix francs pour sa route. Après avoir passé quelques jours chez son premier maître, qui était curé d'une assez grande paroisse, près des Vosges, il se mit en chemin pour gagner le Hâvre, en passant par Paris, et avec l'intention de se procurer du travail pour se défrayer pendant son voyage.

Nicolas s'était proposé de prendre le chemin le plus long, afin de se rendre compte des mœurs et des usages dans les provinces du Nord et du centre de la France : il comptait qu'à cette époque de l'année, il trouverait facilement de l'ouvrage chez les fermiers, ce qui lui procurerait le moyen d'aller plus loin, et de se rapprocher peu à peu du but qu'il voulait atteindre. Mais le manque d'argent le força de se rendre à Troyes, où il trouva un peu d'occupation dans une filature.

Les maîtres de cet établissement, honorables exceptions parmi les industriels, n'avaient pas de plus grand bonheur que celui de faire le bien, et la justice était la base de toutes leurs opérations commerciales. Mais dans le siècle où nous sommes, la probité réussit difficilement : elle ne sait pas voler avec adresse, et il en résulte qu'elle ne peut s'enrichir. Ces estimables négociants éprouvèrent des pertes considérables, et leur établissement fut dévoré par les flammes.

Nicolas les quitta au bout d'une huitaine de jours, pour entrer chez un imprimeur : cet individu l'employa à corriger les épreuves d'une mauvaise grammaire dont il était l'éditeur, et il lui donnait pour ce travail *un franc vingt-cinq centimes* par jour. Comme Nicolas était, en outre, occupé à la composition dans ses moments de loisir, l'imprimeur exigea, trois semaines après, que le jeune ouvrier vînt travailler le dimanche; celui-ci se refusa obstinément à lui obéir en cela, non par raison de bigotisme ou d'ultra-catholicisme; mais parce qu'il était chrétien, et qu'un honnête homme doit joindre la pratique à la théorie dans toutes ses convictions. D'ailleurs, le repos hebdomadaire est nécessaire à la santé. Le refus de Nicolas mit son patron dans une violente colère, et après s'être laissé emporter à tous les jurons et autres fioritures de son répertoire, il lui donna son compte.

Nicolas se trouvait donc encore une fois *sur le pavé*; il ne savait trop à quoi s'arrêter, quand il lui vint à l'esprit de s'adresser à un instituteur dont il avait entendu parler. Après quelques entrevues, il put entrer chez lui pour sa nourriture : on lui accordait, en outre, le logement et le blanchissage, et cet homme promit formellement au jeune maître de lui donner, au mois de septembre suivant, des appointements convenables et suffisants pour son entretien.

Du reste, chez cet instituteur, le travail était rude : il fallait être debout à cinq heures du matin, nettoyer les huit quinquets fumeux qui servaient à la classe du soir, et tailler une soixantaine de plumes ; puis à six heures, c'était le lever des pensionnaires : quand ils étaient habillés et qu'ils avaient fait leur prière, ils avaient classe particulière jusqu'à sept heures et demie. Ce moment était consacré au petit déjeûner, qui consistait en une *soupe à l'oignon.*

Nicolas crut être destiné à rencontrer cete maudite soupe chez tous les patrons du monde.

A huit heures venait la classe générale à cent vingt élèves, et le maître montait à l'estrade vers neuf heures pour y prendre son café avec sa femme : il ne faisait d'ailleurs à la classe que de courtes et rares apparitions. La servante apportait à chacun, vers midi et demi, un verre de vin aigri, un morceau de pain, et du fromage, souvent rempli de vers. L'après-midi, classe ; puis à cinq heures, le dîner, qui, pour Nicolas et son compagnon, ne durait que jusqu'au second plat.

Le cours d'adultes se faisait à huit heures, et n'était terminé qu'à dix heures du soir : lorsque tout était remis en ordre, il était onze heures, et Nicolas pouvait rejoindre son grabat, placé dans un grenier, jusqu'au lendemain à cinq heures.

Si l'on réunit à ces différentes besognes l'obligation de balayer la cour deux fois par semaine, de *nettoyer les poules et les lapins du patron*, et la fatigante nécessité d'aller chaque jour à son jardin puiser quarante seaux d'eau, pour arroser les fleurs dont il était amateur maniaque, on pourra se faire une idée de ce qu'un sous-maître avait à faire dans cette maison.

Ce n'était pas avec son caractère ardent que Nicolas pouvait avoir peur du travail; mais il aurait mieux aimé ne pas allier avec les fonctions de l'enseignement, si nobles et si honorables, quoique pénibles, les occupations d'un domestique ; en somme, il eût préféré n'appartenir qu'à une profession, et ne pas avoir chez l'instituteur le métier d'une *bonne pour tout faire*. Il aimait beaucoup l'agriculture et les travaux de la campagne, et pourtant ce n'était pas dans les manies ridicules d'une tête fêlée qu'il voulait étudier la science agricole. Il y a des hommes à idées fixes, qui mettent toutes leurs affections, si toutefois on peut appeler cela ainsi, sur leurs chats ou sur leurs chiens ; d'autres s'entourent du matin au soir de chanteurs ailés dont ils prétendent faire l'éducation ; d'autres enfin ont d'autres marottes.

L'instituteur troyen était, sous ce rapport, un type remarquable : il s'était à la fois attaché au jardinage et aux soins touchants, et presque paternels, qu'il donnait à ses lapins et à ses poules. Dès le matin, sa première pensée était pour ces animaux intéressants ; il allait leur rendre visite, il caressait son coq auquel il trouvait une voix superbe ; il appelait toutes ses poules par leur nom et applaudissait aux amours matinales du sultan emplumé ; puis, il passait à la cage de Jean lapin. C'étaient alors des trépignements de tendresse, des cris involontaires de plaisir et d'admiration : le *noir* était engraissé ; le *blanc* avait les yeux plus rouges qu'à l'ordinaire ; le *tigré* avait un poil plus soyeux et plus lustré et des couleurs plus tranchées que la veille. Il les pressait dans ses bras et les couvrait de baisers. Il montait ensuite au colombier, comptait les œufs, vérifiait le nombre des couveuses, et prenait le plus grand soin de marcher sur la pointe du pied afin de ne point effaroucher cette race timide.

De là, il se rendait dans la cour, qu'il avait transformée en jardin d'agrément : au milieu était un rond-point, où s'élevait un magnifique dahlia ponceau, dont les pétales étaient disposées en tuyaux, et les feuilles du plus beau vert ; c'était par lui que commençait chaque jour l'inspection du *florimane*. Il allait ensuite à son chassis, et ne le quittait satisfait que si la nuit avait donné la naissance à quelques jeunes plantes. Il ne lui restait plus alors qu'à faire la toilette quotidienne de ses lauriers-roses et de ses grenadiers, dont il épluchait et nettoyait toutes les feuilles. Toutes ces opérations faites, il était neuf heures, et il allait déjeûner.

Il est vrai de dire que de si grands soins absorbaient toutes ses pensées, et qu'une intelligence si fortement occupée ne pouvait guère sortir de sa sphère pour accorder un peu de temps à l'éducation de ses enfants ; le *père* avait disparu devant le *monomane*, et son fils était bien l'être le plus maussade et le plus mal élevé que l'on pût rencontrer.

Chez cet homme, mieux valait être lapin, coq ou pigeon, que son enfant.

Nicolas y tomba malade de fatigue vers le mois de juillet, et pendant trois jours il lui fut impossible de quitter son lit de sangle. Le maître, indigne de porter le nom d'instituteur, le traitait comme un être nuisible, ou tout au moins comme un meuble inutile. On fit cependant venir le médecin ; le savant homme ordonna quelques remèdes, et le tout, remèdes et visites de la Faculté, fut porté sur le compte de Nicolas. D'ailleurs, l'instituteur qui se mettait au lit pour un léger mal de tête, et qui pleurait lorsque son chat était malade, se souciait assez peu de la santé de Nicolas : ne pouvait-il pas trouver, quand il le voudrait, dix jeunes gens malheureux pour le remplacer ?

Quelques bains de rivière firent le plus grand bien au malade, et pour le reste, il se fiait à son énergie et à son tempérament, beaucoup plus qu'aux prescriptions médicales : s'il était demeuré sept ou huit jours dans l'inaction, on se serait débarrassé de lui en l'envoyant à l'hôpital.

De classe en classe, de fatigue en fatigue, Nicolas vit arriver le mois de septembre et les vacances avec plaisir ; l'instituteur lui avait avancé, outre les frais de sa maladie, le prix d'un pantalon d'été, d'un chapeau et d'une paire de bottes, et Nicolas pouvait lui devoir une quarantaine de francs. Il lui tardait d'avoir des appointements pour acquitter cette petite dette.

On lui offrit dix francs par mois... il recula d'un pas à cette absurde proposition, et fit voir qu'il ne lui était pas possible, avec cette faible somme, de conserver la tenue qu'on exigeait ; mais soit calcul, soit la pensée machiavélique de profiter de sa détresse, le maître lui dit de réfléchir, parce que c'était son dernier mot. Sa femme vint une heure après offrir d'ajouter *deux francs* par mois, si le jeune homme voulait rester : elle tenait beaucoup à lui, disait-elle, et n'aimait pas les changements.

L'amour-propre de Nicolas fut froissé de cette modification blessante et de ce qui l'avait précédée ? il répondit à l'instituteur et à sa femme que, lorsqu'on gagnait six mille francs par an au moyen du travail d'un individu, on pouvait, sans se ruiner, lui donner les mêmes *gages* qu'à une bonne ou à une femme de ménage ; que la bonne ayant trois cents francs de gages, il les priait d'élever ses appointements à la même somme la première année.

Le mari répondit qu'il aviserait.

Le lendemain, à cinq heures et demie, Nicolas était à la classe, occupé à son travail habituel, lorsqu'il vit entrer le chef de l'établissement :

— Eh bien, lui dit cet homme, du ton le plus magistral qu'il put prendre, êtes-vous décidé à accepter les conditions que je vous ai faites ?

— Non, monsieur, répondit Nicolas, vous savez qu'elles sont inacceptables, et j'espère que vous m'en ferez d'autres.

— En ce cas, vous allez sortir de chez moi ; mais comme vous êtes mon débiteur, je garde vos effets pour m'indemniser.

Nicolas dut partir à l'instant, sans habits décents, sans chapeau, et revêtu de la blouse noircie d'encre, avec laquelle il faisait la classe. Il ne lui vint pas même la pensée de s'adresser à la justice pour obtenir la restitution de son linge, de ses livres et de ses vêtemens. Il n'avait que dix-huit sous sur lui ; mais la colère et l'indignation lui donnaient des forces et du courage, et en deux jours de marche, il traversa la Champagne et ses plaines crayeuses, et parvint chez son père. Il avait fait vingt-cinq lieues le second jour.

A peine était-il couché depuis deux heures, qu'un incendie se déclara au village voisin : il y courut, et resta jusqu'au jour, occupé à puiser de l'eau dans le réservoir du moulin, pour alimenter la pompe. Quand il revint, il était harassé ; et succombant à la fatigue extraordinaire qu'il avait éprouvée, il se mit au lit avec une forte fièvre, qui l'empêcha de faire la moindre chose pendant une dizaine de jours.

CHAPITRE X.

Nicolas devient agent d'assurances.

Trois semaines après le retour de Nicolas, le maître de la fabrique le fit prier de passer chez lui : il avait à lui faire une communication assez importante.

Il s'agissait de donner des leçons à ses petits-fils, et de diriger l'école réglementaire que les enfants de la fabrique devaient fréquenter ; Nicolas acquiesça à cette offre avec d'autant plus de plaisir, qu'outre la possibilité de travailler pour lui, il entrevoyait dans cette nouvelle situation quelques avantages pécuniaires. Il ne fut pas alors question d'honoraires, mais il était à présumer qu'ils seraient suffisants pour que la présence de Nicolas dans sa famille fût utile, et contribuât à y apporter quelque bien-être.

Il commença dès le lendemain, et trois mois après, deux des enfants purent entrer au collége, dans une classe au-dessus de leur âge. Le jeune homme crut que ce résultat lui assurerait la gratitude des parents, mais il s'était grossièrement trompé.

Habitués à vendre et à acheter, ils estimaient la science au même prix qu'un mètre de *coulisse* ou de *ganse plate à lacets*, et ils ne rougirent pas de fixer les appointements de Nicolas à vingt-cinq francs par mois, tant pour la classe réglementaire que pour les leçons particulières.

Ceci, d'ailleurs, n'a rien qui doive surprendre : un marchand trouve souvent très-naturel et très-juste de gagner dans son commerce trente à quarante pour cent de bénéfice net; il croit ne voler personne quand il réalise un gain plus considérable encore ; il en est qui dépensent volontiers de grosses sommes en parties fines, en dîners, en maîtresses ; mais s'il s'agit de donner de l'instruction à leurs enfants, ils retrouvent leur lésinerie, leurs froids calculs et leurs misérables considérations de liards ou de centimes. La science, l'éducation, les leçons de morale doivent se vendre à tant d'escompte, dans ce siècle vénal où tout pourrait s'acheter : d'ailleurs, un maître ne se fatigue pas ; il reste une portion du jour sur sa chaise, et il n'est pas soumis aux influences du chaud ou du froid, du soleil ou de la pluie.

Quoique le non-sens de ces raisonnements soit palpable, ils sont pourtant beaucoup plus répandus qu'on ne pourrait le croire. On ne songe pas que celui qui a sacrifié sa vie à l'étude a perdu sa santé, ses habitudes, le bien-être de son corps, et souvent le repos de l'esprit, pour se livrer avec dévouement et abnégation à des fonctions pénibles et ennuyeuses, qui ruinent le principe de la vie, usent les forces de l'intelligence, et préparent à celui qui les remplit, la plus triste vieillesse. Et on trouve que cet homme de bien, que ce modeste ouvrier du plus sublime travail, de l'œuvre la plus importante à l'humanité, gagnerait beaucoup, peut-être trop, s'il était rétribué comme un commis en nouveautés ou en bonneterie. Les expéditionnaires au service de l'Etat sont gratifiés de pensions de retraite ; quant à l'instituteur, l'hospice ou la misère doit être l'apanage de ses vieux jours. On ne pense guère que celui qui se fait ainsi le père des enfants des autres, a aussi ses enfants à lui, sa compagne à nourrir; et l'on entend répéter partout de concert que l'instruction est bien chère, et que les maîtres sont fort coûteux.

Nicolas était presque habitué à entendre redire cela chaque jour chez l'homme à lacets; aussi sut-il se taire ; et il n'en continua pas moins à diriger pendant tout l'hiver sa petite école, à laquelle il s'attachait de plus en plus.

Le sous-inspecteur des écoles primaires vint la visiter au printemps, et il manifesta son étonnement à la vue des progrès que les jeunes ouvriers avaient faits en si peu de temps. Sa surprise redoubla lorsqu'il sut qu'on ne consacrait à leur instruction que deux heures par jour. En effet, les garçons n'avaient que deux heures de classe le matin, et la leçon des petites filles durait l'après-midi un égal espace de temps.

Il engagea beaucoup Nicolas à se présenter à l'examen pour obtenir un brevet d'instituteur, et lui promit de lui donner à cet égard tous les renseignements nécessaires.

Le pauvre Nicolas ne savait pas alors ce que c'est, en

général, que l'espèce de fonctionnaires provinciaux appelés inspecteurs des écoles : il ne l'apprit que plus tard à ses dépens. Aussi, il se laissa entraîner par sa nature confiante et crut pouvoir compter sur cet homme. Il lui répondit donc que son intention était de réunir le brevet d'instituteur primaire et le diplôme de bachelier ; mais que, dans les circonstances difficiles où il se trouvait, il ne prévoyait pas l'époque à laquelle il pourrait se présenter.

L'inspecteur le quitta fort satisfait, à ce qu'il voulut bien dire, de l'avoir connu, et lui renouvela la promesse de l'aider de son crédit, lorsqu'il pourrait en avoir besoin. Mais c'était compter sans son hôte, et suivant le proverbe, il fallut compter deux fois.

Le père de Nicolas avait éprouvé un accident sérieux. Un soir que l'eau était trop abondante au moteur, deux métiers, dont la poulie de mouvement était raboteuse, faillirent tomber et se briser ; il courut et les retint tous deux ; mais l'un retomba sur l'orteil de son pied gauche et lui occasionna une luxation fort douloureuse. Il ne cessa pas cependant d'aller à la fabrique, car le maître refusa de lui accorder les quelques jours de repos qui lui étaient indispensables.

Le chirurgien qui fut appelé était un de ces ignorants qui font leurs études médicales dans les tavernes du quartier latin : il prétendit que ce n'était rien, et ne réduisit cette luxation que plus de trois semaines après l'accident.

Il survint alors plusieurs abcès consécutifs, et Nicolas consulta, malgré son père, un excellent médecin des environs. La carie des os était à craindre, et on devait d'autant plus redouter cette maladie, qu'à raison de ses anciennes habitudes et d'un long usage des boissons alcooliques, le pauvre homme y avait une prédisposition marquée. Le système nerveux était en outre atteint de graves affections qui dénotaient une espèce de désorganisation.

Cependant, en six semaines, on obtint une amélioration sensible, et déjà le malade pouvait se servir librement de son pied, lorsqu'une imprudence détruisit le fruit de tant d'efforts.

Il voulut aller visiter son frère et profiter d'un beau jour pour revoir son pays. Il partit le samedi soir, malgré les observations de Nicolas et du reste de la famille, et quand il eut passé le dimanche avec ses amis, il revint dans la nuit suivante. Cette marche forcée le fatigua horriblement ; son pied s'enfla, et il ne lui fut bientôt plus possible de mettre son soulier. Il n'en continuait pas moins à travailler avec courage, et ces deux années avaient réparé bien des torts. Le père Nicolas était instruit pour sa condition, attaché à l'honneur et à la probité jusqu'au scrupule; et ses fautes avaient été la conséquence de l'entraînement d'un cœur généreux plutôt que le résultat de mauvais penchants. Il ne lui avait peut-être manqué autre chose que l'énergie de combattre et de dompter son caractère, trop enclin à la confiance. Il ne savait pas assez que l'homme est plus ingrat et plus trompeur que le dernier des animaux, et à force de rendre des services à autrui en négligeant ses propres affaires, il avait fini par se plonger dans la misère et la dépendance avec tous ceux qui l'entouraient.

On parla de le renvoyer de la fabrique : n'était-il pas souffrant et malade? et n'était-ce pas là une raison péremptoire pour l'industriel?

Nicolas résolut dès-lors de chercher un moyen de soutenir ses parents contre l'adversité qui paraissait les menacer encore.

Il y avait dans la commune un individu qui s'occupait d'assurances mutuelles contre l'incendie, sur la vie, etc.; sa direction comprenait deux arrondissements : il offrit à Nicolas de lui en abandonner un, et de le faire agréer par l'administration, en lui faisant espérer de jolis bénéfices. Notre jeune homme donna tête baissée dans ce piége, et, après avoir conclu avec cet agioteur, il vint s'établir à la ville voisine.

Il ne faisait que fort peu d'affaires, et il était constamment en voyage. Mais les paysans préfèrent assurer leurs maisons aux caisses départementales, et ils n'ont peut-être pas tort; c'est là, d'ailleurs, le choix de M. le curé, et il n'y a rien à répondre à un tel argument. D'un autre côté, s'ils ont quelque argent en réserve, ils aiment mieux acheter un petit champ pour *s'arrondir* que de confier leurs écus à la gestion des tontines ; en sorte que c'est un bien triste métier que celui du simple agent d'assurances.

Cela est magnifique pour les meneurs de la chose, qui vivent à Paris dans le bien-être, le luxe et les calculs; mais du bon fauteuil de l'administrateur aux souliers ferrés de l'agent, il y a loin.

Telle était l'occupation de Nicolas depuis quelque temps, lorsqu'il apprit que son père devait perdre son emploi à partir du 1er octobre, et qu'il serait remplacé par un jeune homme exempt de souffrances. Il se hâta, en conséquence, de louer un logement pour recevoir toute la famille.

CHAPITRE XI.

Le brevet d'Instituteur.

Un de ses amis lui donna alors un conseil sage et raisonnable au fond, mais qui pouvait devenir pour lui la cause de grands chagrins et de peines nombreuses : c'était de se présenter à l'examen pour le brevet d'instruction primaire, qui devait avoir lieu huit jours après au chef-lieu du département.

Nicolas savait du reste, par plusieurs personnes, que les examinateurs se montraient souvent beaucoup plus sévères pour les candidats étrangers aux écoles normales, et il redoutait un échec. Il aurait donc beaucoup préféré être interrogé sur les matières de l'enseignement secondaire, avec lesquelles il était familiarisé depuis longtemps ; car il n'est pas si aisé qu'on le croit d'obtenir un brevet primaire : Le grec, le latin, la littérature enseignent peu de système métrique et de pédagogie ; et bien souvent, la possession du plus n'est pas une preuve que l'on possède le moins.

Tout ce qui ressemblait à un injuste caprice lui causait, à cette époque, une irritation involontaire ; il abhorrait le *servage*, et ce n'était pas dans l'enseignement primaire qu'il fallait chercher une organisation de liberté et de justice.

La loi de 1833 avait apporté quelque amélioration au sort des instituteurs communaux, et on leur faisait, pour l'avenir, des promesses magnifiques. Mais cette loi n'était et ne pouvait être qu'un premier pas vers l'émancipation de l'enseignement populaire : les législateurs avaient encore laissé l'existence de l'instituteur sous l'autorité presque absolue du parti clérical, en abandonnant la haute-main sur ses actes à un inspecteur non-contrôlé. Cet homme pouvait, à son gré, faire suspendre ou révoquer, sous de légers prétextes, un instituteur qui lui déplaisait, ou qui avait encouru la disgrâce de l'*homme noir*.

En effet, sauf de rares exceptions, l'inspecteur va prendre ses renseignements chez le curé, et si l'instituteur ne sait pas faire les courbettes obligatoires, ou mentir, il doit succomber. Cependant, cette loi de 1833, malgré son imperfection et ses nombreux défauts, avait donné pour soutiens et pour juges à l'instituteur, des hommes impartiaux et éclairés dans les membres des comités d'arrondissement : elle ajoutait qu'une révocation ne pourrait avoir lieu que pour des motifs graves, dûment spécifiés.

Mais cette double garantie anti-jésuitique a été ôtée à l'instituteur laïc par une loi républicaine, afin de faire regretter à beaucoup la royauté, comme plus libérale que la république !

N'est-il pas curieux, en effet, de voir que sous la monarchie, tout en consacrant l'amovibilité des desservants, on tendait à stabiliser la position de l'instituteur; tandis que sous le régime actuel, on a détruit la sécurité tronquée de celui-ci, en s'efforçant de donner à ceux-là une impossible inamovibilité ? Quel singulier rapprochement, et quelles conséquences ne pourrait-on pas en tirer ?

Nicolas ne pouvait faire alors toutes ces réflexions ; mais un sentiment de répulsion instinctive travaillait à le détourner de cette détermination : de l'autre côté, la gêne matérielle le pressait, et il n'y avait pas à balancer.

Comme il avait huit jours devant lui, il les employa à lire la grammaire, la géographie, le catéchisme, etc.; et tout en voyageant, il portait avec lui quelques livres, afin de profiter de tous les instants qu'il dérobait aux affaires. Ce fut ainsi qu'il parcourut les bords de la Meuse, admirant les sites enchanteurs et la perspective ravissante de ces beaux lieux, sans penser qu'un jour il viendrait exercer, dans un des hameaux de ces contrées, les modestes fonctions d'instituteur communal, et que son affection se porterait tout entière sur le tableau magique de ce coin isolé, à l'extrémité de la France.

Dans ce voyage, il apprit que la commune de... n'avait pas d'instituteur : une partie de la famille de sa mère habitait ce village, et il espérait y trouver des amis et de bons parents ; ce motif le détermina à s'y présenter. Ses premières démarches furent bien accueillies par tous, voire même par le curé de la paroisse, et il n'avait qu'à obtenir son brevet pour être reçu à bras ouverts : il croyait toucher enfin au calme, et il en éprouvait un besoin pressant.

Tant d'éléments lui paraissaient réunis pour lui rendre douce la vie de l'instituteur, et lui diminuer les fatigues de cet état pénible, qu'il se surprenait déjà à bâtir des des châteaux de cartes, et à faire des projets d'avenir.

C'est que l'homme est ainsi fait, et surtout celui qui a été déchiré par les épines de la vie, et dont l'existence a été labourée par le soc de la misère : celui-là cherche à saisir au vol les moindres lueurs d'espérance ; il s'attacherait à poursuivre les feux-follets, et ces étincelles phosphoriques qui parcourent les prairies dans les nuits d'été ; on dirait, que ne pouvant parvenir à la réalité du bonheur qui le fuit sans cesse, il cherche à s'en créer un factice, ne reposant que sur de vaines chimères, et des illusions mensongères ; tant est grand et profond le désir du bien-être que Dieu lui-même a rivé au cœur de l'homme !

L'examen approchait ; Nicolas partit avec espoir. L'ami qui lui avait conseillé cette démarche, lui avança aussi quelque argent, que le pauvre garçon eut bien du mal à lui rendre plus tard.

Les épreuves durèrent un jour et demi, et Nicolas réussit : il lui sembla que le ciel se lassait enfin de le poursuivre, et que ce premier succès était de bon augure. Il s'empressa en conséquence de revenir à... afin de se faire admettre au plus tôt comme instituteur.

La seule objection qu'on lui fit, c'est qu'il n'était pas marié, et qu'il importait pour un instituteur d'offrir la sérieuse garantie de la famille. Nicolas donna, contre ce grand cheval de bataille, quelques raisons que l'on trouva bonnes, et son affaire était assurée, lorsque le curé vint mettre des bâtons dans la roue. Il trouva que celui qu'il avait si bien accueilli huit jours auparavant, ne lui convenait plus, et qu'il était trop jeune ; d'ailleurs, *il avait sous la main* un instituteur plus âgé, recommandé par un de ses confrères, et il finit par menacer le jeune homme de l'hostilité la plus ouverte, s'il persistait à venir dans la paroisse, sans son assentiment.

En toute autre circonstance, Nicolas ne se serait pas arrêté à de telles jérémiades, et quelque menaçant qu'eût été ce moine, il aurait profité de la bonne volonté qu'il trouvait dans le reste de la commune : mais, il avait à songer aux inconvénients qui résulteraient pour sa famille d'une querelle déclarée avec un prêtre ; il aurait été mis à l'index, et tous ses efforts auraient été paralisés.

Il est bon de remarquer ici que ce prêtre, qui chercha le premier ouvertement à nuire à Nicolas, était un des anciens commensaux de son père, et qu'il appartenait à cette classe de parasites qui ne sont amis que jusqu'à la digestion. Il en rencontra depuis plusieurs autres de cette nature, et parmi les prêtres du jour, il en est peu qui restent les amis de leurs amis devenus pauvres. Tant que l'on peut rendre ou donner des dîners succulents, il n'est pas de flatterie que certains d'entre eux ne prodiguent ; ils pardonnent tout, même le manque de religion, et font volontiers leur société d'impies de profession, pourvu que la table soit bien garnie.

Hélas ! qu'il y a loin de ce charlatanisme effronté à la charité de ce grand Paul, qui savait pleurer avec ceux qui pleuraient, aussi bien que se réjouir avec les heureux ! La distance est la même que celle qui sépare les anges des noires cohortes de l'enfer ; la différence est la même que celle qui existe entre le dévouement et l'égoïsme, entre la vertu sublime et le vice abject et fangeux.

Ils se disent *apostoliques*, et vraiment ils peuvent l'être par ordre de succession matérielle ; mais ce n'est pas assez, car il faudrait l'être encore en imitant les vertus de ceux qu'on prétend représenter. Un prêtre, pénétré de ses devoirs, et les remplissant en ce sens, aurait droit au respect, à l'admiration et à la reconnaissance de tous ; mais le prêtre, ami de son ventre et de la bonne chère, plus que du saint dévouement auquel il s'est consacré, est bien la plus misérable anomalie qui existe.

Et ce qu'il y a de plus étrange en tout cela, c'est qu'ils refusent aux laïques le droit, incontestable pourtant, de les juger, de contrôler leurs bonnes ou leurs mauvaises mœurs, leurs actions louables ou dignes de blâme. Ils formeraient volontiers une Sainte Hermandad de nouvelle espèce, jugeant tout et n'étant jugée par personne. Ne pourrait-t-on pas leur dire que s'il ne veulent accepter que le contrôle de Dieu, ils doivent être les hommes de Dieu, et non les hommes de la terre et de la matière, et qu'ils sont obligés de faire les actions du Maître ?

Un jour viendra cependant, où, malgré eux, ils recevront de l'histoire impartiale le stygmate de la flétrissure ou le noble éloge de la vertu, selon qu'ils l'auront mérité; car l'histoire laisse de côté les hommes et le vêtement, pour ne s'occuper que des faits et des actes, et déjà *les jésuites sont jugés*.

CHAPITRE XII.

Paris. — Un maître de pension.

En présence d'un tel obstacle, qui menaçait de devenir une ligue portant un goupillon pour étendard, la détermination de Nicolas fut bientôt prise ; il quitta la commune de... pour n'y plus reparaître, et chercher autre chose.

Il suivait la chaussée bordée de peupliers, qui longe la petite rivière et conduit à la forge, lorsqu'il rencontra le curé : malgré tout ce que savait le jeune instituteur, cet homme eut l'impudeur de lui adresser la parole, pour lui protester de ses regrets et de sa bonne volonté.

Tant de rouerie et d'astuce révolta Nicolas : il ne savait trop que répondre, car alors il n'osait braver en face l'hypocrisie et le mensonge ; cependant il répondit à l'*ecclésiastique* que, sachant à quoi s'en tenir, il le méprisait plus qu'il ne le craignait ; mais qu'il lui abandonnait la place, afin que par la suite, on ne vînt pas l'accuser d'être le fauteur d'une dissension.

C'est qu'en effet, un instituteur, ancien séminariste, a bien des précautions à prendre, et on est beaucoup plus disposé à voir de la rancune et de la haine dans ses querelles avec les prêtres : mais Nicolas n'avait quitté la carrière ecclésiastique que pour des motifs sérieux ; il était aussi porté à rendre justice à un bon prêtre, et à l'admirer lorsqu'il le découvrait, qu'à flétrir de toutes es forces de son indignation un prêtre mauvais, ou dépourvu seulement des qualités nécesssaires à son état.

Aujourd'hui, qu'on a fait de la prêtrise un métier tout comme un autre, le premier maçon ou le premier cordonnier venu croit faire le bonheur de son fils en le faisant prêtre : c'est un bon état, dit-on, ils n'ont rien à faire, et sont bien payés. Ce raisonnement est faux, quand il s'applique au prêtre dévoué ; mais il est de la plus complète vérité pour un certain nombre, que l'on pourrait facilement préciser sur les bases de l'Evangile.

Quarante-huit heures après l'incident que je viens de rapporter, Nicolas était à Paris. Il avait promis à son père de lui envoyer une partie de ce qu'il pourrait gagner, et lui avait laissé le peu d'argent dont il avait pu disposer.

Il trouva presque aussitôt de l'emploi chez un maître de pension du quartier latin : homme nul et dépourvu d'instruction, c'était un Auvergnat qui faisait ses affaires en exploitant la gêne des jeunes gens qu'il pouvait tromper. Sa maison se composait d'une vingtaine de pensionnaires que Nicolas fut chargé de surveiller tout le jour et une partie de la nuit ; il leur donnait, en outre, les explications nécessaires pour que leur classe fût bien préparée.

C'est ainsi que l'on confie, à Paris, dans la plupart des maisons d'enseignement, à des jeunes gens inconnus, le soin le plus important de l'éducation, celui des mœurs des enfants. Cet abus, qui existe aussi dans la province, mais sur une moins grande échelle, est la cause primitive de la dégradation que l'on remarque dans la jeunesse de nos écoles; mais les maîtres songent peu à l'effrayante responsabilité qui pèse sur eux, pourvu que les trimestres soient payés exactement. D'ailleurs, ainsi que je l'ai déjà fait observer, l'immoralité est plus grande encore dans les établissements de l'État; car là, comme dans tous les monopoles qu'il s'est attribué, on le sert plus mal pour son argent que le dernier maçon ne voudrait être servi par son manœuvre.

Et lorsqu'on voit des jeunes gens de dix à vingt ans, à la face blême, amaigrie et presque livide, aux traits étirés, à la démarche endormie; lorsqu'on les voit flétris et presque *crétinisés* à l'âge où les principes ardents d'une vitalité généreuse devraient faire bouillir leur sang dans leurs veines, il ne faut pas s'en étonner : il suffit de remonter à la source. Ce mal dévore la force matérielle, et, en même temps qu'il énerve le corps, il abrutit l'intelligence. C'est à cela que l'on doit attribuer en grande partie la dégénérescence de l'espèce humaine. Et il n'y a point en ceci d'exagération, car il ressort de calculs sérieux que les sept dixièmes des enfants, à Paris, sont atteints de cette triste maladie, qui date souvent de la première enfance. Les médecins devraient donc attaquer le mal moral comme produisant le mal physique dans les deux tiers des malaises de l'enfance et de la jeunesse. C'est, du reste, une sorte de bonheur, lorsqu'à un certain âge une débauche vient en remplacer une autre ; car souvent l'impuissance succède, et une nature étiolée et éteinte procure la mort ou une vieillesse prématurée.

Nicolas conduisait les élèves dont il était chargé au collége Henri IV, et pendant le temps des classes il s'occupait à lire de bons ouvrages ; puis, le soir, il prenait des notes sur son travail, jusqu'à ce que tous fussent endormis, ce qui prolongeait ordinairement jusques vers minuit le temps qu'il pouvait employer à acquérir de l'instruction.

Le chef de l'établissement lui avait promis de lui procurer deux leçons particulières pour augmenter le chiffre de ses appointements, et il les lui avait garanties. Deux mois se passèrent sans que Nicolas vît arriver ces deux répétitions qui lui auraient donné la facilité d'aider efficacement sa famille. Il prévint donc le maître que si cette promesse formelle n'était pas exécutée dans le délai d'un mois, il se verrait forcé de sortir de chez lui.

Cet homme manquait absolument de la bonne foi qui constitue la base de la probité; aussi ne se mit-il pas en devoir de satisfaire à une aussi juste réclamation, quoiqu'il eût la possibilité de le faire ; et à la fin du mois, Nicolas n'était guère plus avancé que le premier jour. Fatigué d'être trompé, il quitta cette maison dès le lendemain, malgré toutes les instances et tout ce qu'on pût faire pour essayer d'exploiter encore sa crédulité, et il vint habiter au centre du quartier Saint-Germain.

Il y avait à peine deux ou trois jours qu'il était installé

dans son nouveau logement, lorsqu'il découvrit que la comtesse de ..... habitait la même maison. Son fils venait de quitter la maison d'éducation où Nicolas avait été employé comme maître d'études, et à raison de la délicatesse de sa santé, sa mère voulait lui faire achever ses études sous ses yeux. Elle pria Nicolas de diriger le travail du jeune homme à des conditions assez avantageuses pour qu'il fût à l'abri du besoin. Mais il ne s'attendait pas à rencontrer jamais autant de perversité et de noirceur que son ancien patron lui en fit voir quelques semaines après.

Il avait déjà trouvé deux autres leçons, et il concevait l'espoir légitime de réussir par un travail assidu, quand une lâcheté couronnée d'absurdité et de sottise vint se mettre en travers de sa carrière et lui causer de nouveaux soucis.

Il entrait un soir chez la comtesse pour donner à son fils sa leçon journalière ; elle était seule et tenait à la main une lettre qu'elle paraissait lire avec beaucoup d'attention ; tout-à-coup, elle la présente au jeune professeur en le priant d'en prendre connaissance.

Cette lettre lui avait été adressée une heure auparavant par le maître de pension à qui la comtesse avait retiré son fils ; et on y voyait percer une haine ignoble, basée sur la plus méprisable jalousie. Il prétendait que Nicolas avait déterminé, par ses mauvais conseils, la sortie du jeune comte ; et, après plusieurs insinuations ridicules, il terminait par un trait d'impudence incroyable : il engageait cette femme, veuve et jolie, à garder que la médisance vît dans ses relations avec le jeune homme quelque chose de plus que de simples leçons à son fils.

La confiance avec laquelle la comtesse avait fait lire à Nicolas cette épître insolente lui disait assez ce qu'elle en pensait. De son côté, il la pria, pour toute réponse, de vouloir bien interroger son fils, afin de pouvoir juger le mérite de ces accusations. Elle lui dit qu'il pouvait compter sur elle et qu'elle ne se préoccupait nullement de semblables imputations.

Nicolas revint donc chez lui finir tranquillement un travail important qu'il avait à faire, et il ne songea plus à cet incident. Huit ou dix jours se passèrent ainsi, sans que rien pût lui faire présumer que cette misère aurait d'autres suites, quand il reçut de la comtesse un billet qui ne contenait que ces lignes :

« Je me suis occupée ce matin, monsieur, de vous
« mieux connaître, et maintenant que *je vous connais à*
« *fond*, je vous invite à ne plus remettre les pieds chez
« moi.

« Comtesse de ...... »

Il était anéanti. Il avait beau réfléchir, il ne voyait rien dans sa vie qui pût mériter un semblable traitement, quelle que fût la noblesse aristocratique de celle qui le lui infligeait. D'ailleurs, cette raison aurait suffi pour le porter à se redresser sous l'insulte ; et il voulut savoir quels prétextes avaient pu engager cette femme à lui écrire un semblable billet.

Il se fit donc annoncer chez la comtesse, et, contre son attente, on l'introduisit aussitôt.

« Monsieur, lui dit-elle dès qu'elle le vit entrer, malgré mon billet, j'allais vous faire prier de vouloir bien passer ici.

— Madame, répondit Nicolas, c'est précisément le billet par lequel vous me chassez qui m'amène ce soir.

— Vous voulez savoir quel motif me l'a fait écrire?

— Non, madame; je désire seulement savoir qui je suis, afin que, me connaissant à fond, je sache quels sont les torts ou, si vous voulez, les crimes dont je suis coupable.

— Ne me parodiez pas. Votre ennemi vous accuse d'une chose infâme, et comme sa lettre est signée, j'ai cru devoir vous écrire comme je l'ai fait; mais je regrette la précipitation qui a dicté ce billet.

— Quelle est donc l'infamie qu'on ose me reprocher?

— Vous auriez été *communier sans confession* il y a quelques mois; et c'est à mes yeux un crime si affreux, que je n'aurais jamais songé à vous revoir si je n'avais réfléchi qu'une accusation n'est pas une preuve. Je ne tiendrai pas plus compte de cette nouvelle imputation que des autres qui l'ont précédée si vous parvenez à me démontrer que ce n'est qu'une calomnie.

— Cela ne me sera pas facile, madame. Je serai probablement réduit à nier ce que mon lâche ennemi affirme, et ce serait à lui de prouver ce qu'il avance; mais je ferai le possible pour vous donner cette preuve. »

La comtesse était dévote : le misérable calomniateur de Nicolas le savait parfaitement, et, comme il avait échoué dans l'effet qu'il attendait de sa première lettre, il avait cherché à prendre cette femme par son faible : cette fois il avait complètement réussi. Le bigotisme ne raisonne pas plus que la haine; car il eût suffi d'un peu de bon sens pour comprendre qu'en admettant la véracité du fait, cela n'aurait pu être découvert que par une révélation de confession ; or, cela doit être impossible aux yeux d'une dévote. Personne, d'ailleurs, ne pouvait forcer Nicolas à communier, et en supposant la non-confession, il y aurait eu crime pour le plaisir du crime, et il est peu d'hommes assez abrutis pour aller jusque-là.

Mais il devait se faire que cette femme, qui n'avait pas craint de passer pour avoir un amant, reculerait devant une grossière absurdité.

Nicolas alla voir cependant le curé auquel il s'était adressé : il en fut parfaitement reconnu ; mais cet homme refusa de lui donner une attestation telle qu'il la demandait : Cela ne se pouvait, disait-il, et sa conscience lui défendait de rien faire qui ressemblât à une violation du secret de la confession.

Nicolas perdit ainsi une leçon importante qui faisait une notable partie de ses ressources, et il tomba malade de chagrin. Le propriétaire, voyant qu'il ne pourrait pas lui payer son appartement, lui donna gratuitement une petite mansarde au septième étage, qu'il occupa le reste de l'hiver. La maladie du malheureux jeune homme fut longue, et elle épuisa le peu qu'il avait fait d'économies, en sorte qu'il voyait arriver avec effroi le moment où il serait de nouveau sans pain et sans force pour en gagner.

Il quitta son grabat au commencement de janvier 1845, et il se mit aussitôt en devoir de chercher quelques leçons afin de pouvoir subsister : il fut assez heureux pour en trouver facilement autant qu'il en pouvait faire, ce qui, joint au produit d'écritures dont il s'occupait le soir, le rendit à peu près indépendant : déjà il recommençait à espérer, quand une fâcheuse nouvelle le força à quitter Paris et à retourner encore une fois dans sa famille.

Le père de Nicolas lui écrivit que son état empirant de jour en jour, il allait être obligé de subir l'amputation d'une partie du pied, et qu'il n'avait plus d'espoir que dans le prompt retour de son fils. Il l'attendait avec impatience pour lui confier le soin de sa nombreuse famille.

Nicolas monta aussitôt en diligence.

CHAPITRE XIII.

Encore de la misère.

Lorsqu'il parvint à ***, le 4 février 1845, il se vit à vingt ans le *père nourricier* d'une famille de huit personnes ; il ne savait pas où trouver à gagner le pain nécessaire à leur existence et n'avait aucune ressource. Son père était complètement privé de l'usage de son pied gauche : il fallut le faire entrer à l'hôpital.

Nicolas songea, dans ces pénibles circonstances, à tirer parti de ses études et de son brevet ; mais en province les leçons sont rares et mal payées ; et puis, *courir le cachet,* bon Dieu ! quelle vie de rebuts et de dégradation ! Il faut avoir passé par là pour pouvoir en juger.

Attendre les élèves chez soi, quand on peut le faire, n'est rien en comparaison de la souffrance morale et matérielle que l'on éprouve à aller *mendier*, pour vivre, une *occasion payée* de communiquer à d'autres l'instruction et la science. Il serait mille fois préférable d'être courtier en librairie ou de chercher à placer des *tisanes de Champagne* ; au moins, ce serait du commerce; mais aller, pour ainsi dire, de porte en porte, offrir de vendre ce qu'on aime par-dessus tout, ce dont on redoute le plus la profanation, de détailler l'intelligence à tant par heure, c'est là, pour certaines âmes, une douleur indicible.

Nicolas gagnait ainsi dix-huit francs par mois, juste le produit de *six* leçons primaires à *trois francs* ! cela faisait deux francs cinquante centimes chacun pour leur dépense du mois, et il n'y avait pas là de quoi se nourrir, se vêtir, se chauffer et payer le propriétaire, à qui il était déjà dû deux termes !

Combien de fois ne fut-il pas obligé de passer les nuits à écrire pendant cet hiver, sans avoir presque mangé, sans feu, à la clarté blafarde d'une lampe fumeuse, qu'il alimentait avec de la graisse fondue? Que de souffrances dans cette misère, qui est dépouillée de la poésie des premières détresses ? On ne sait pas dans le monde combien il faut de courage pour surmonter le dégoût, la répugnance naturelle que l'on éprouve à demander du crédit chez un fournisseur qui ne croit qu'à l'argent : Nicolas endura pendant cette année tout ce que la triste vie du prolétaire présente de plus amer et de plus cruel; voir sa mère et sa famille se nourrir d'*indignes restes*, qu'en d'autres temps, il aurait à peine voulu donner à son chien; les savoir inscrits sur la liste des indigents à la charge du bureau de bienfaisance ; et pas de moyen d'y porter remède ! Il est vraiment de ces chagrins trop grands pour que la langue puisse les exprimer dans toute leur vérité, et la plume se refuse à tracer le tableau de certaines humiliations.

Un de ses jeunes frères, créature faible et chétive, était né dans un moment fatal, où il n'avait eu pour nourriture que le lait de l'amertume : il était presque toujours souffrant et malade, et par le crédit de quelques personnes influentes, on put le faire admettre à l'hospice.

Il ne devait pas revoir le foyer domestique ; et le malheureux enfant y mourut de langueur et de fièvre. C'était la première fois que Nicolas voyait sous ses yeux la mort s'asseoir à son seuil ; le pauvre petit avait la tête appuyée sur le bras de son frère aîné, lorsqu'il quitta cette terre de douleurs.

Nicolas le conduisit à sa dernière demeure : on lui avait creusé une petite fosse, dans le milieu d'une de ces longues rangées de tombes inconnues où reposaient les restes de l'indigence ; rien ne vint noter ce froid asile, et l'infortuné jeune homme sentit un frisson parcourir tout son être. Il avait toujours défendu contre les petites vexations de ses frères, cet enfant, qui le payait de la plus grande affection. Aussi, pendant les quatre heures de sa longue agonie, avait-il gardé une des mains de son frère dans ses petites mains amaigries et décharnées ; et souvent il avait semblé à Nicolas qu'une douce pression venait le remercier des soins et de l'amour presque paternel qu'il avait eus pour cette frêle créature.

Au retour du cimetière, le jeune homme ouvrit sa Bible, et sa douleur devint moins amère, en lisant les plaintes brûlantes du juste d'Arabie : lui aussi, comme le Job de ces temps anciens, il éprouvait l'enfer après les joies de l'Eden, et il sentait tout le vide des choses humaines.

Mais ce n'étaient encore là que des douleurs, et lorsqu'il fallut endurer la honte, ce fut bien autre chose. Avec de la volonté et du cœur, tout homme peut dire à la souffrance qu'elle n'est pas un mal ; mais quel est le courage qui puisse supporter le rire dédaigneux et strident de la calomnie, sans éprouver un sentiment indéfinissable de colère et d'indignation. On a beau s'abriter derrière le mépris avec lequel on accueille à l'extérieur certaines imputations ; une légère piqûre à l'amour-propre suffit pour faire saigner le cœur de l'homme.

Le propriétaire, homme vil et sans entrailles, envoya à la pauvre famille un huissier et deux *recors* pour saisir les misérables meubles qui étaient dans la maison, et qui formaient son gage. Nicolas fut donc contraint de chercher de l'argent ; après force démarches, il trouva la somme qui lui était nécessaire chez un Anglais de sa connaissance, et put mettre l'huissier et ses acolytes à la porte.

Cet argent lui coûta cher ; la femme du prêteur obligeant remarqua le jeune homme, et prit dès-lors un intérêt marqué à sa famille. Femme de cœur et d'intelligence, elle manquait du jugement sévère qui permet de mépriser les préjugés de la société, tout en s'y soumettant, et elle ne savait pas assez se courber devant ce qu'on a l'habitude d'appeler les *convenances ;* elle manifestait à tout propos les sentiments qu'elle éprouvait pour le jeune professeur et tous les siens. Aussi, deux mois après, la malignité, qui semblait prendre plaisir à poursuivre Nicolas, le faisait passer pour son amant.

Nicolas n'était pas un Hippolyte ; il ne cherchait pas à se targuer d'une chasteté sauvage, et n'était nullement insensible aux charmes d'une jolie femme. Il faudrait presque abdiquer pour cela la qualité d'homme ; mais un honnête homme peut-il concevoir le plaisir de l'adultère ? S'il est très-naturel d'éprouver de l'amour pour une femme jeune, libre, charmante, ne serait-ce pas une lâcheté de convoiter la femme d'autrui ? L'amour est une sorte de rayonnement divin, dont l'idéal ne peut se rencontrer que dans la poésie virginale dont on entoure l'objet aimé ; il se détruit et s'anéantit aussitôt qu'il retombe dans la prose matérielle, et n'est plus remplacé que par la passion physique. Ce n'est plus là de l'amour, car cette passion ne peut vivre que par le dévoûment, et s'éteint dans la glace de l'égoïsme.

Le mari eut avec Nicolas une explication à l'anglaise, à la suite de laquelle il exigea que rien ne fût modifié dans leurs relations habituelles : mais le trait avait porté, et par où la calomnie passe, il en reste toujours la mauvaise odeur. Les préventions, le manque de fraternité, le besoin de scandale, font aisément croire le mal, quand bien même la supposition serait déraisonnable. Une médisance est supportable, lorsqu'elle a le bien pour objet ; elle est même parfois un devoir et une stricte obligation ; mais le mensonge, la calomnie, que l'on accueille si facilement, infectent de leur venin tout ce qui est atteint par leurs morsures.

Nicolas en ressentit alors cruellement les effets : il devait ménager cette femme, parce que sa famille avait besoin de son appui ; d'un autre côté, il ne pouvait laisser flétrir sa réputation, et il ne lui était pas possible de sacrifier à la fois à ces deux nécessités. Cette fausse situation le fit plus souffrir que toutes les privations qu'il avait endurées pendant l'hiver.

Il lui arriva cependant au printemps une aventure qui lui fournit une occasion plaisante de distraction : un vicaire de la ville se trouva un jour dans un grand embarras ; le pauvre homme avait à prêcher devant l'évêque à l'occasion du *Mois de Marie*, et il ne savait trop par quel bout commencer son discours. Il pria donc Nicolas de lui venir en aide, et celui-ci, moyennant salaire, lui bâcla un sermon dont on loua beaucoup l'orateur ; mais si le vicaire en eut l'honneur, Nicolas en eut le profit, et c'était alors la question principale.

Vers la même époque, un notaire lui confia le soin de de sa comptabilité, et pour cela il lui donnait cinquante francs d'appointements par mois. Cette somme était suffisante pour subvenir aux besoins les plus pressants ; et en y joignant le produit de quelques leçons, ils étaient sûrs de ne pas mourir de faim. Il s'était passé d'ailleurs, pendant cette intervalle, des événements graves pour cette malheureuse famille ; le père Nicolas avait subi l'amputation de l'orteil, mais comme l'opération n'avait pas été faite avec toute la sagacité désirable, son fils était persuadé, malgré le dire des médecins, que c'était là un véritable certificat de décès : l'événement ne justifia malheureusement que trop ces fatales prévisions. D'un autre côté, Nicolas avait tiré au sort, et un malheur n'arrivant jamais seul, il avait pris un mauvais numéro. Qu'allaient devenir ces pauvres orphelins, lorsqu'ils seraient privés du seul soutien qui les faisait vivre ? A la misère aurait succédé la mendicité. Nicolas s'empressa de faire des démarches, et soutenu par quelques personnes de crédit, il obtint de rester provisoirement dans ses foyers, comme soutien de famille.

Le recrutement de l'armée se fait avec la plus injuste partialité ; car il est tout entier au détriment de la classe pauvre. En effet, le riche s'exempte facilement de cet affreux impôt du sang par le sacrifice de quelque argent ; mais le pauvre, qui n'a pas d'argent, est obligé de se soumettre. Et quand un ouvrier sans fortune a sacrifié vingt ans à élever son fils, au moment où il compte sur ce bras droit pour supporter la lourde tâche du prolétaire et gagner plus facilement le pain de la vieillesse ; à l'époque où les infirmités prématurées lui rendent cet appui indispensable, le hasard aveugle vient le lui enlever, pour en faire pendant sept ans *un automate militaire*. Le chagrin n'aide pas au travail ; aussi n'est-il pas étonnant que le fils, après avoir donné une part de sa vie pour son pays, retrouve à son retour la ruine et la souffrance où il avait laissé l'heureuse médiocrité.

Pourquoi donc ne comprend-on pas la nécessité d'ennoblir la profession militaire par le libre choix de la vocation, au lieu d'en faire un métier d'esclaves ?

Heureusement pour Nicolas, la politique n'avait pas encore tourné toutes les têtes, gouvernementales et autres : il aurait été réduit à endosser le hoqueton, et à faire l'exercice. Aussi, bien que l'on connût ses opinions très-arrêtées en ce qui touche les idées de droit et de justice, et qu'on le sût un ennemi prononcé de toutes les corruptions, il trouva alors les protections qu'il ne rencontrerait plus aujourd'hui. N'a-t-il pas, en effet, ajouté à ces premiers crimes, celui d'aimer le peuple dans les rangs duquel il est né, et de surmonter tout cela d'une révocation politique ?

En ce temps de monarchie et de paix réelle, les instituteurs mangeaient du *pain d'orge*, et ils étaient considérés ; aujourd'hui, qu'on leur donne du *pain de seigle* et qu'on leur promet du *froment* pour l'avenir, ils doivent être dissimulés ou consentir à être brisés.

Et pourtant la *liberté* républicaine a été proclamée ! c'est-à-dire le droit à la vérité a été consacré à la face du monde entier par une solennelle acclamation.

Qui voudrait le croire ?

Leur position paraissait si précaire à Nicolas malgré la considération matérielle dont on semblait les entourer; leur vie était si humiliée et si dépendante, qu'il avait cessé de penser à le devenir jamais, lorsqu'une circonstance vint changer sa résolution, et en faire un instituteur primaire.

Il était très-lié avec un professeur distingué du grand séminaire : écrivain de mérite et homme de cœur, cet ecclésiastique joignait aux vertus du véritable prêtre un commerce facile et la franchise par excellence. Nicolas alla un soir lui rendre visite, et ils eurent ensemble la conversation suivante :

— Pense-tu rester chez ton notaire, fit l'abbé ?

— Oui ; repartit Nicolas, jusqu'à ce que je puisse faire autre chose.

— Mais ce n'est pas une position; car tu ne dépends que du caprice, et je voudrais te voir plus indépendant :

il te faut quelque chose de sûr, au moins jusqu'à la mort du père Nicolas. Que ne te fais-tu instituteur communal ?

— Cela ne me plairait que très-médiocrement, dit Nicolas : je crois que l'instituteur n'est rien autre chose que *le valet titré* d'une commune. Il y a un an, je pensais que tout cela pouvait dépendre des circonstances ; mais aujourd'hui, je suis persuadé que tous, dans un village, depuis le *pâtre* jusqu'au *curé* et au *maire*, voient dans l'instituteur leur homme-lige et un serviteur à gages.

— Erreur, mon ami ; tu ferais ton devoir, et avec cela, un instituteur est toujours indépendant. Je connais une vacance ; c'est un de mes intimes amis qui est curé de la paroisse, et tu n'auras qu'à t'en louer. Reviens demain soir, je te présenterai à lui, et il t'appuiera de tout son crédit.

— Soit ; si ce n'est par goût, ce sera par volonté de me rendre utile. A demain.

Nicolas réfléchit pendant la nuit que cela pourrait en effet lui donner un pied-à-terre momentané, et qu'il serait toujours libre de suivre par la suite des goûts plus chers, et des habitudes plus conformes à sa manière de voir. Il savait d'ailleurs que si le curé était pour lui, tout serait au mieux : il vit donc le lendemain cet ecclésiastique, en qui il retrouva un ami de sa famille, et d'autant plus disposé en sa faveur qu'il avait commencé ses études chez le vieux curé qui avait élevé Nicolas. Ils arrêtèrent que le nouvel instituteur en expectative se présenterait au concours prochain ; il devait en outre revoir soigneusement les matières de l'enseignement, l'emploi devant être accordé au candidat qui l'emporterait dans cette sorte d'examen.

Lorsque Nicolas arriva à ..., il apprit que l'épreuve était retardée de quatre jours ; il profita de ce court délai pour visiter les jolies forêts qui avoisinent le hameau, et la prairie magnifique, entourée de montagnes peu élevées, qui semble, en cet endroit, n'être que le fond verdoyant d'un grand lac.

Le jour décisif parut enfin ; et, après une lutte de neuf heures et demie, Nicolas resta pleinement victorieux de ses deux compétiteurs. Il fut nommé séance tenante instituteur communal de ce petit village.

CHAPITRE XIV.

Nicolas instituteur communal.

Il y avait alors de deux partis l'un à prendre : Nicolas se voyait obligé de faire venir ses parents avec lui, ou de leur faire parvenir une portion de son traitement. Ce dernier expédient n'atteignait pas le but, car il n'aurait pu disposer en leur faveur que d'une somme trop modique pour subvenir à leurs besoins. Il laissa donc entièrement de côté cette idée, qui était celle du père Nicolas, et il se mit en mesure de recevoir toute la famille.

Le jeune instituteur prévoyait cependant que de grandes difficultés l'attendaient et viendraient apporter des obstacles sérieux à sa bonne volonté ; il lui fallait prendre son courage à deux mains, pour ne pas les redouter. Le maire de la commune était un homme *taré*, livré à la boisson, et ennemi du curé pour quelques questions d'amour-propre blessé. D'ailleurs, ce personnage unissait à la plus complète ignorance et aux manières les plus communes, un orgueil colossal : il croyait que son titre d'*électeur à deux cents francs* lui tenait suffisamment lieu du reste. C'est qu'en ce temps de corruption, remplacé déjà par une autre époque de corruption, ce titre était tout-puissant sur l'esprit des grands fonctionnaires. Le sous-préfet en passait par tous les caprices du *magistrat ivrogne*, qui ne négligeait aucune occasion de s'en vanter.

Nicolas avait le curé pour ami ; il devait déplaire au bourgmestre qui lui disait souvent, pour parodier peut-être certain système d'équilibre, que s'il n'était pas l'homme du curé, il serait le sien, à lui ; mais qu'en tout cas il ne pouvait *servir deux maîtres*.

L'instituteur comptait bien n'en servir aucun.

Un supérieur et un ami dans le curé, un supérieur et un ennemi à ménager dans le maire ; voilà ce que Nicolas reconnaissait sans difficulté : mais *point de maîtres sinon la loi et le devoir*.

Sur ces entrefaites, ses parents arrivèrent, et il fallut organiser la vie domestique de la famille : les dépenses de Nicolas surpassaient de beaucoup le chiffre de ses recettes, et ce n'était guère le moyen de faire fortune ; et pourtant, une sévère économie présidait à toutes ses dépenses personnelles ; mais il y avait tant de vieilles dettes à payer, que des appointements beaucoup plus considérables y auraient à peine suffi. Le père Nicolas, infirme et presque mourant, ne quittait pas son lit, et comme son caractère actif ne l'avait pas abandonné, il s'occupait continuellement.

La classe, le travail de la mairie, les soins à donner

à son jardin exigeaient la plus grande partie du temps de Nicolas. Cependant il continuait à voir souvent l'excellent curé, qui lui avait donné la plus franche et la plus cordiale hospitalité jusqu'à l'arrivée de sa famille. Ce n'était pas un homme superficiel, comme on en voit tant parmi les prêtres ; il savait à fond ce qu'il avait appris, et sa conversation était à la fois amusante et instructive. D'un jugement droit et sain, il raisonnait parfaitement les questions philosophiques les plus ardues, et il mêlait à cette sûreté de goût, qui distingue l'homme sérieux, un style pittoresque, qui gravait ses idées dans les esprits. Nicolas ne sortait jamais de ces longues et bonnes causeries sans avoir acquis quelque chose. Au résumé, le curé de... avait un cœur généreux et noble, et tout en plaignant les préjugés du monde, il savait supporter ce qu'il ne pouvait empêcher, et sa maison était le rendez-vous des hommes les plus honorables du pays : sensible à la misère et à la souffrance, il était aussi d'une tendre charité pour ses paroissiens, et il arriva plusieurs fois qu'on chercha à exploiter son bon cœur.

Il avait mis Nicolas en rapport avec la famille d'un officier supérieur de l'empire, qui habitait le hameau : homme franc et loyal, ayant acquis tous ses grades sur le champ de bataille, cet officier était le type de ces vieux braves qui vont chercher aux champs un repos mérité par les fatigues de la guerre. La vie uniforme de cette maison paisible n'était jamais interrompue par ces incidents fâcheux, qui dérangent l'ordre établi dans la plupart des ménages. M.... passait sa journée dans les occupations douces, quoique monotones, des vieillards; sa pipe, son jardin, son verger, sa partie de piquet formaient ses seules distractions. Sa femme travaillait ou lisait ; et leur fille, charmant modèle de douceur et de vertu, répandait dans cet intérieur si calme, je ne sais quel parfum de jeunesse et de poétique rêverie. Nicolas passa là, pendant près de cinq années, de bonnes heures d'intimité et de confiance, à l'abri de l'étiquette et de la contrainte.

L'amitié remplace souvent la famille ; et dans le triste siècle où nous sommes, quelque malheureux qu'on soit, on doit s'estimer favorisé, quand on trouve de véritables amis. Ceux-là considéraient presque Nicolas comme leur enfant ; il ne le trompèrent jamais, et ils l'entouraient de la plus vive sympathie et du plus réel attachement.

Quant aux autres habitants du village, l'instituteur n'avait avec eux d'autres relations que celles qui étaient nécessitées par son état, à moins qu'il ne fussent malades ou blessés : alors Nicolas mettait à profit les quelques connaissances en médecine qu'il avait acquises ; il donnait des soins à tous, des conseils à ceux qui étaient dans l'aisance, et tout ce qu'il pouvait à ceux qui étaient pauvres. On peut affirmer, sans craindre un démenti, qu'il avait rendu à tous des services, et qu'il était aimé par la plus grande partie des habitants.

Dans le cours de l'année 1846, il vint à... un prêtre, parent du premier précepteur de Nicolas : ce jeune homme avait des motifs puissants de rendre au moins une visite à la famille de l'instituteur. En des temps plus heureux, sa place avait été marquée parmi les amis les plus chers ; on le croyait de la maison, et il avait dans le jardin un groseiller à lui ; il était devenu en 1831 le parrain d'une des sœurs de Nicolas, et tout ce qu'il aurait demandé lui eût été accordé : mais il jugea à propos de ne pas se souvenir des saints devoirs de l'amitié, et, quelque sollicitation que lui en fît le curé, il refusa d'aller voir la pauvre famille. Le père Nicolas était malade ; il était pauvre, n'avait plus rien à donner, et il n'avait plus d'amis. Cette pensée empoisonna le peu de temps qu'il avait encore à vivre. L'infortuné perdit seulement alors cette douce illusion, cette pure croyance en l'amitié, qui donnerait presque la foi dans les hommes, si elle était plus souvent justifiée par l'expérience.

Nicolas avait été reçu par les instituteurs du canton avec la cordialité qu'il attendait ; et, à très-peu d'exceptions près, ils se montrèrent pour lui ce qu'ils devaient être. Ils purent tous apprécier le fonds qu'ils devaient faire, pour le présent et l'avenir, sur les inspecteurs des écoles primaires, dans une circonstance qui se présenta inopinément à cette époque. Le sous-préfet de l'arrondissement poussait loin ses prétentions de science et voulait à toute force passer pour un zélateur de l'instruction. Il existe de lui deux traits assez excentriques pour faire juger l'homme, et il est quelquefois bon pour tous de connaître ce qui se passe dans l'intérieur des gens en place.

Quoiqu'il n'eût fait, dit-on, que sa quatrième, il se croyait plus latiniste que Virgile, Horace ou Juvénal ; aussi, dans sa présomption, voulait-il modifier complètement l'enseignement du latin, et mettre à la réforme tout ce que Lhomond avait pu faire dans sa vie laborieuse. Il abhorrait surtout les *que retranchés*, et il ne perdait aucune occasion de manifester la haine qu'il avait vouée à cette expression malencontreuse. Un jour qu'il manifestait ses projets *progressifs* à cet égard, et que ses plaintes étaient plus amères que de coutume, quelqu'un lui fit cette question :

— Mais que prétendez-vous faire de ces pauvres que retranchés ?

— Rien de plus simple ; je les supprime.

— Convenez donc, lui dit son interlocuteur, que c'est là un jeu de mots ; ou apprenez-moi quelle différence il y a entre un *que supprimé* et un *que retranché* ?

Un instituteur distingué de l'arrondissement avait fait une série de tableaux pour l'enseignement de la lecture : c'était le résultat de longues et pénibles veilles, et le produit d'une expérience de vingt années. Il jugea à propos de soumettre son travail à l'appréciation du sous-préfet ; mais il ignorait que la cervelle du fonctionnaire fût une encyclopédie vivante. Aussi tomba-t-il de son haut en recevant du savant homme une lettre où l'on remarquait le passage suivant :

— « Vos tableaux sont véritablement fort bons, et peuvent être très-utiles ; mais *je n'en persiste pas moins à croire les miens meilleurs* ! »

Faut-il être si vaniteux pour être sous-préfet ?

En ce cas, il ne doit pas être facile de trouver des fonctionnaires, ou le nombre des gens à prétention est bien grand, si l'on en juge par la quantité des mutations qui se font chaque jour dans le personnel administratif. Dieu veuille que celui-là et ses pareils ne soient que des exceptions ! Or, il advint que le directeur de l'École normale alla faire sa cour au *susdit* sous-préfet, qui lui confia la direction autocratique et despotique des conférences de l'arrondissement. Aussitôt le nouveau maître de dresser un programme, magnifique à tous égards, et dont le seul défaut était de ne pas convenir le moins du monde à des instituteurs de campagne. En effet, de tels instituteurs ont besoin de se pénétrer des meilleures méthodes d'enseignement, et ce n'est pas en futiles questions de trigonométrie qu'ils doivent employer le temps précieux des conférences. Ce programme imposait aux instituteurs l'obligation de faire par écrit l'analyse d'un chapitre d'un certain ouvrage sur les Devoirs : le travail de chacun était ensuite envoyé au directeur, lequel en faisait quelque chose ou rien.

A quoi bon cette espèce d'inquisition ? A divertir peut-être aux dépens des instituteurs les jeunes professeurs de l'école ? Ce n'était plus alors qu'une ridicule mystification.

Il est dans ce livre un chapitre où l'auteur apprend courtoisement aux instituteurs *qu'ils casseraient les pierres sur les routes*, s'ils n'avaient trouvé la ressource de l'enseignement primaire. Cela serait vrai, qu'il y aurait encore impertinence à le dire, et on ne fait pas aimer un état en le faisant envisager comme un pis-aller. Assurément l'auteur de cet ouvrage n'a jamais fait la classe que dans son cabinet, les pieds dans une chancelière et le dos appuyé contre un bon fauteuil ; car s'il savait, il parlerait autrement.

Combien y a-t-il d'instituteurs dont la condition matérielle est moins bonne à beaucoup près que celle d'un cantonnier ? Il y avait, en 1847, à quelques lieues du hameau habité par Nicolas, un pauvre instituteur, dont le traitement ne s'élevait qu'à trois cent cinquante francs au total : et pourtant il cumulait avec ses fonctions celles de chantre, de sonneur, de sacristain, de greffier de la mairie, et même... celles de barbier !

N'aurait-il pas mieux valu casser la pierre nécessaire à toutes les voies *macadamisables* de France ?

Cependant cette expression et ses conséquences blessèrent tous les membres de la conférence ; et, par un procès-verbal motivé, il fut arrêté qu'on ne perdrait plus son temps à faire des devoirs écrits : n'avait-on pas sous la main des livres excellents, sans humilier les instituteurs, écrasés déjà, en leur faisant analyser les insultes d'un théoricien donnant des leçons d'enseignement, comme certains autres en donnent d'agriculture ? Le procès-verbal, signé de tous les instituteurs du canton, fut qualifié révolte flagrante et acte de rébellion : de là, lettres sur lettres, reproches sur reproches ; tout s'en mêla, jusqu'au recteur ; et bientôt une conférence d'instituteurs *libres et égaux* fut assimilée à une classe de *marmots*. Quelqu'un eut le courage de proposer une démission collective ; mais cela n'eut d'autres suites que d'aggraver des chaînes déjà lourdes : bon gré malgré, il fallut obéir, se rétracter et faire amende honorable à *M. le directeur*, sous peine de destitution ! Presque tous avaient une famille à nourrir, et ils durent courber la tête.

A quelque temps de là, en mars 1847, le même sous-inspecteur que Nicolas avait connu à la fabrique, vint faire sa tournée d'inspection ; il était très-irrité contre le jeune instituteur, et, à son avis, Nicolas devait être l'instigateur de la quasi-révolution. Celui-ci était presque honteux d'en être si innocent, et il rougissait d'avoir trop de moyens de défense.

Le sous-inspecteur se voyant battu, dit à Nicolas que ses confrères l'accusaient eux-mêmes d'avoir proposé la démission en masse, et qu'à cela il n'avait rien à répondre. Dans cette basse insinuation, il n'avait pour but que d'apprendre ce qu'il désirait savoir ; sa pensée n'échappa pas à l'instituteur, qui se contenta de lui répondre avec le plus grand calme :

— Je suis loin de contester l'existence des lâches ; mais, en tout cas, je ne suis pas l'auteur de cette proposition.

— Et qui donc ? fit aussitôt l'inspecteur.

— C'est ce que je ne vous dirai jamais, répliqua Nicolas ; on peut m'accuser, me calomnier ; mais je ne sais pas dénoncer.

Une réponse aussi énergique rendit cet homme furieux, et il tomba dans des inepties qu'il n'est pas nécessaire de rapporter. Seulement, comme Nicolas s'était trouvé au cabaret deux fois en deux ans pour affaires d'argent, et qu'il lui était arrivé d'aller au bal le lendemain de la fête patronale, il reçut quinze jours après du recteur une lettre fort sèche, dans laquelle on le traitait d'*habitué de cabaret*, et on lui enjoignait, sous les plus grandes menaces, de reprendre au plus tôt la gravité de ses fonctions.

Nicolas mit en pratique le proverbe : *A sotte question pas de réponse*, et se contenta de jeter la missive rectorale dans le panier aux paperasses.

Qui donc voudra se charger de résoudre le problème, insoluble en France, de la définition du *fonctionnaire* ?

CHAPITRE XV.

Un mariage.

Ce sous-inspecteur avait acquis un embonpoint excessif : or, Nicolas avait une antipathie naturelle très-prononcée contre un instituteur *a gros ventre ;* il ne lui semblait pas possible que l'on produisît à la fois *la graisse pour soi*, et *le bien pour autrui*. En règle générale, il ne pouvait croire au dévouement d'un homme qui s'arrondit dans les fonctions pénibles et fatigantes de l'enseignement primaire. Etait-ce là un préjugé, ou une de ces répugnances insurmontables, dont on ne peut se rendre compte ? Quoi qu'il en soit, l'obésité, aux yeux de notre instituteur de campagne, était une demi-preuve de nullité intellectuelle, ou tout au moins de paresse. L'homme matériel lui fit, entre autres reproches, une verte semonce sur ses relations avec une jeune fille du village, qu'il voulait prendre pour compagne. Peut-être, à son avis, un instituteur doit-il prendre femme à la mode chinoise ; mais en tout état de choses, les inspecteurs devraient donner l'exemple, et il est infiniment regrettable que certains êtres perdent la mémoire de bonne heure.

Le père Nicolas s'acheminait vers la tombe : son fils était criblé de dettes de famille, et il ne lui restait qu'un mariage pour l'empêcher de sombrer entièrement. Il avait donc parlé mariage à une jeune paysanne, qui appartenait à une famille honorable et dans l'aisance ; mais comme les parents de cette jeune fille avaient d'autres vues, ils finirent par lui défendre formellement toute relation avec l'instituteur.

L'intention bien arrêtée de Nicolas avait été de ne pas se marier avant la trentaine, et cette résolution était fort sage ; mais quand on est dans l'abîme des dettes, il faut en sortir, et il ne pouvait rétablir l'ordre dans ses affaires qu'en associant à sa vie une ménagère active et soigneuse, sachant faire argent de tout, et éviter les folles dépenses. Nicolas connaissait sous ce rapport les qualités de la personne à laquelle il parlait ; il ne se tint donc pas pour battu. En trois mois, tout le village était tourné contre lui; les paysans le trouvaient bien audacieux d'élever ses prétentions jusqu'à la fille la plus riche de leur commune. Hélas! ils avaient vu le spectacle de sa misère et de la pauvreté des siens, et Nicolas comprit seulement alors une chose qui l'avait fort étonné à Paris : c'était de voir que beaucoup de personnes, dans une très-modeste situation de fortune, tiennent à ne pas laisser accuser leur détresse par leur mise, et à conserver le brillant de l'étiquette, quoique la marchandise soit avariée. On savait l'instituteur pauvre et chargé de famille, et au village, on pèse les fortunes dans les mariages, aussi bien que partout ailleurs. Nicolas ne pouvait se marier avant la mort de son père, et certains beaux-esprits en sabots croyaient qu'il ne lui était pas permis de parler à une fille plus de quinze jours avant le mariage.

Les hameaux sont plus cancaniers que les portières parisiennes, et il n'est pas de commère qui ne puisse rendre des points à Madame Pipelet : ce n'était donc qu'une voix contre l'instituteur, et il ne tint bon que parce que reculer eût été avoir peur. Les uns, par jalousie, lui racontaient pis que pendre de la famille dans laquelle il voulait entrer ; les autres, pour flatter les grands parents, forgeaient sur son compte les plus jolies histoires que leur imagination pouvait inventer. Comme Nicolas et sa fiancée ne pouvaient plus se parler sans être surveillés par des yeux méchants et jaloux, ils prirent le parti de s'écrire, et ils attendirent les évènements.

La mort du père Nicolas arriva le 27 mars 1847 : il légua pour héritage à son fils, toute sa famille à nourrir et à protéger, ses enfants à élever et ses dettes à acquitter. Nicolas n'avait pas *le premier sou*, mais il comptait sur l'avenir, et n'aurait pas voulu pour tout au monde négliger la tâche qu'il avait acceptée de la main d'un père mourant. Cette mort ne l'avait pas surpris; mais elle l'affligea beaucoup, quoique sa situation pécuniaire fût devenue de plus en plus mauvaise, tout le temps que son père aurait vécu. La maladie et les souffrances avaient tellement modifié les manières du pauvre homme envers son fils, qu'il était devenu pour lui un ami plutôt qu'un père, et ils n'avaient qu'une pensée commune, celle de sortir de l'embarras, en améliorant la condition de ceux qui leur étaient chers. Le projet de mariage souriait d'autant plus au père de Nicolas qu'il en entrevoyait les conséquences, mais sa mère était loin de partager la même opinion.

Trois semaines après, Nicolas, pressé par les *dettes criardes* de toute espèce qui avaient été faites pendant la maladie de son père, convint avec sa fiancée de hâter la conclusion de leur mariage : ils chargèrent donc un des oncles de faire, près de la mère, la démarche d'usage. Le brave homme ne rapporta qu'un refus bien conditionné et leur conseilla de prendre des mesures énergiques pour surmonter une vaine obstination. Mais il est un Dieu pour les amants, et ils sont toujours forts, quand ils veulent l'être : ceux-ci vinrent à bout de toutes les difficultés en quinze jours. Leur mariage se fit le 8 mai, et dès lors le calme commença à régner dans la demeure de Nicolas.

A partir de ce moment, il ne fut plus seul à supporter ses traverses, et il avait trouvé dans sa femme un cœur dévoué, capable des plus grands sacrifices. Peut-être aurait-il pu jeter ses vues pour l'avenir sur une jeune fille plus instruite, plus au courant des habitudes et des manières du monde ; mais il n'est pas probable qu'il eût jamais rencontré dans *une demoiselle* ce que lui donna *sa paysanne* ; et, tout bien considéré, il préférait une amie à un maître en jupons. Sa maison était d'une propreté éblouissante ; on y respirait le bien-être, et tout paraissait y devoir prospérer : ses fleurs étaient mieux soignées, son jardin mieux cultivé et son école mieux tenue ; en un mot, chacune de ses journées témoignait de l'influence bienfaisante d'une femme, et tout s'en ressentait autour de lui.

Sa mère l'avait quitté pour aller habiter son pays natal : deux femmes s'accordent rarement en ménage, quand elles ont toutes deux le désir de commander, de diriger ; Nicolas le savait et il ne devait pas assujettir sa compagne aux volontés d'une belle-mère. Il avait cependant gardé avec lui un de ses jeunes frères, qui se destinait à l'enseignement et devait l'aider dans les soins à donner à sa classe.

Les jeunes époux furent bien obligés d'emprunter quelque argent pour payer les dettes les plus pressantes, mais Nicolas espérait qu'avec de l'ordre et de l'économie, il en serait facilement débarrassé en deux ans, et cela ne l'inquiétait nullement. Tout alla ainsi parfaitement jusqu'au mois d'août : l'hiver précédent avait été très-rigoureux pour Nicolas à raison des soins continuels qu'exigeait la santé de son père ; il en éprouva alors l'effet et fut atteint d'une pleurésie, qui le mit à deux doigts de la mort. Il fut en danger pendant plus d'un mois, et au moment où il commençait à reprendre des forces, sa convalescence fut encore retardée par le plus funeste événement qui put leur arriver.

Il plut à *sa Grandeur*, M. l'évêque de..., d'envoyer le bon curé, dont l'amitié était si nécessaire à Nicolas, dans une paroisse éloignée de plus de trente lieues : le motif de ce changement subit ne transpira guère dans le public, mais la jalousie et une envie odieuse ne paraissaient pas y être étrangères. Certains *confrères*, irrités de sa popularité ou convoitant sa position, qui était bonne, l'avaient peut-être desservi ; du moins le bruit en courut-il quelque temps.

Cette mutation inopportune affligea cruellement Nicolas ; car, s'il savait ce qu'il perdait, il lui était impossible de prévoir ce qui allait être rendu en échange.

A une pénible incertitude succéda le plus amer désappointement lorsqu'il vit paraître le successeur de celui qu'il aimait.

Qu'on se figure un petit être à maux de nerfs, au front fuyant et déprimé comme le crâne d'un quadrumane, aux habitudes prétentieuses et aux manières communes et basses : c'était, quant à l'extérieur, le nouveau curé. Il allait toujours le nez au vent, cherchant à se donner un genre, en tenant à la main un foulard à *quinze sous*, qu'il laissait pendre jusqu'à terre ; et il visait ostensiblement à la suprématie politico-religieuse du lieu. Il se croyait quelque descendant de Melchisédech, ou une demi-incarnation de Brahma ; car il ne parlait à tout propos que de ses mains *divines et consacrées* : bref, il parut ridicule aux gens du village même, qui disaient tous que M. le curé ne savait pas se respecter.

On était encore sous l'impression causée par le départ de son prédécesseur ; mais les regrets de ce genre ne sont pas longs pour les masses ; et deux ou trois mois à peine s'écoulèrent, que ce petit homme était le maître absolu de la paroisse : il tenait les femmes, et le reste du proverbe s'accomplissait tout naturellement. Ignorant autant qu'on peut l'être, et pétri d'une stupide vanité, il n'ouvrait jamais un livre ; depuis sa sortie du séminaire, il avait oublié les phrases qu'il avait apprises à la façon des perroquets, sans en comprendre la valeur. Ce n'était donc autre chose qu'un véritable moulin à paroles : il accumulait dans ses sermons toutes les facéties religieuses qu'il rencontrait dans un vieux recueil de légendes, et après avoir cousu tous ces lambeaux au moyen de sept ou huit conjonctions favorites, il distribuait ce pot-pourri à ses auditeurs sous le nom pompeux et menteur de *parole de Dieu*. Les paysans trouvaient qu'il prêchait bien, parce qu'il n'était jamais à court, et ne tarissait pas en anecdotes.

Ennemi par essence du travail, il n'étudiait jamais, préférant se coucher sur le ventre dans une des allées de son jardin, lorsque le temps était beau. Pendant l'hiver, il remplissait ce paisible exercice par une sieste presque continuelle, et, de son propre aveu, il ne faisait rien.

Un prêtre oisif peut-il être un bon prêtre ?

Quoique Nicolas le trouvât très-risible, et d'un comique achevé dans son espèce, il parvint à se maintenir avec lui dans des termes passables, jusqu'à ce qu'il plut à Dieu de métamorphoser la France en république. Alors ce fut fini ; l'instituteur devint suspect au desservant, qui n'eut plus d'autre soin que de faire espionner et surveiller Nicolas. Le curé n'avait rien eu de plus pressant que de se lier intimement avec l'ennemi de son prédécesseur, et maintenant Nicolas avait deux adversaires pour un. Il résolut pourtant de soutenir la lutte qui semblait se préparer, et il en serait sorti victorieux sans l'avènement du neveu de César, ou plutôt sans les dissensions de coteries qui enfantèrent les révocations préfectorales.

Le jeune instituteur avait vu avec bonheur l'inauguration de la liberté républicaine : plus royaliste du temps des rois que ne l'étaient alors ceux qui affichent aujourd'hui leurs prétentions monarchiques, il était resté fidèle à son serment, dans la persuasion où il était que l'individualité doit se perdre dans la collection, et que, pour un bon citoyen, le devoir consiste dans l'accomplissement de la loi, quelles qu'en puissent être les conséquences : or, la royauté avait alors la sanction de la loi, le suffrage de la collection. Mais lorsque *le roi ne fut plus roi* ; quand la royauté alla expier dans l'exil les jours d'aveuglement et d'inconséquence, quand le vieux chef de la plus unie des familles françaises fut réduit à recevoir de l'*Anglais* l'hospitalité pour ses cheveux blancs ; Nicolas éprouva des sentiments bien divers et bien opposés.

Il salua avec enthousiasme l'aurore naissante qui semblait présager à notre patrie une ère de progrès et d'améliorations ; mais aussi il prenait part à cette grande infortune, à cette suprême misère qui allait chercher la mort sur un sol étranger : Nicolas était républicain, non *du jour*, de *la veille*, ou *du lendemain* ; mais *de foi* et de croyance providentielle : aussi dans cette république qu'il espérait, sans rien faire pour la hâter, parce que *Dieu sait où il nous mène* ; il ne comprenait pas la possibilité des exceptions ; *des proscrits* en démocratie lui paraissaient un contre-sens, et il croyait cette opinion fondée sur l'essence même des principes républicains. Nicolas n'était pas devenu partisan des idées nouvelles au foyer des banquets réformistes de l'opposition, mais à la lumière de la Bible et du Christianisme. C'est là qu'il lui semblait voir dans un avenir peu éloigné, le vieux monde s'écrouler, et faire place à une société nouvelle, reposant sur le principe de charité éternelle apporté par le Christ sur la terre.

Il croyait donc que la république serait le berceau de la félicité relative du monde et de la France en particulier, quand le char républicain ne serait plus traîné par une locomotive égoïste et ambitieuse, mais dirigé par des hommes vertueux, faisant le bien pour le bien et pratiquant la vertu pour la vertu.

Quel est l'homme qui ne se soit jamais laissé aller à de douces et patriotiques illusions? Le curé lui-même, qui avait bien peur, qui tremblait bien fort, contribuait à l'erreur de Nicolas, si toutefois c'est une erreur ; car, il lui arrivait alors de prendre pour sujet de ses sermons la nécessité évangélique des institutions républicaines. « Pourvu, disait-il chez lui, avec un soupir anté-diluvien, pourvu qu'on ne chasse pas les prêtres comme en 93, et qu'on ne nous ôte pas notre pension ! »

C'est qu'il aimait singulièrement l'odeur de la marmite, et, à ce moment, il ne venait jamais chez Nicolas sans découvrir celle du jeune ménage et s'informer du contenu. Dieu le délivra de toutes ses craintes, car la République de 1848 lui laissa sa pension, son bréviaire et sa marmite ; mais il ne fut qu'un ingrat, et malheureusement il en est beaucoup de cette sorte.

Ce fut alors que les instituteurs se trouvèrent lancés dans une voie funeste par des circonstances indépendantes de leur volonté. Je vais établir comment ceux d'entre eux qui furent *coupables*, comment *les plus égarés* n'ont à se reprocher que *d'avoir obéi*.

CHAPITRE XVI.

La République et les instituteurs.—Comment les agitateurs évitent les éclaboussures.

Qu'avaient donc espéré les instituteurs pour être ainsi devenus l'objet d'une haine presque universelle? Qu'avaient-ils osé prétendre pour être en butte au mépris des égoïstes de toutes les nuances?

Comment s'est-il fait que des milliers de révocations ont jeté dans la misère des malheureux qui n'avaient d'autres ressources que l'enseignement primaire?

Assurément, ils ont dû être bien coupables pour devenir ainsi les *boucs émissaires* de la révolution de Février, et attirer sur leurs têtes tant et de si odieuses accusations. Telle serait la réponse que l'on pourrait faire à cette question, au fond de la Tartarie chinoise, dans le dernier coin du céleste empire ; mais, en France, sur le lieu de la scène, aux oreilles des spectateurs du fait, il suffit d'une chose bien simple, que les *poètes* ne veulent pas toujours : c'est de soulever un coin du voile et de montrer au public la vérité toute nue.

Or, la vérité sérieuse, celle qui n'est pas la vérité des planches, ni la vérité des diplomates, c'est que les accusateurs semi-officiels des instituteurs sont les seuls vrais coupables en réalité, les seuls qui les aient poussés vers l'abîme, sauf à les y précipiter et à se laver ensuite les mains, comme d'autres Pilates, en demandant à tue-tête le supplice de ceux qui n'étaient que meurtris.

Pourquoi les grands hommes n'ont-ils pas toujours le courage du vrai ? Pourquoi les faibles supportent-ils les conséquences des sottises des forts et des puissants ?

C'est que peu des hommes qu'on appelle grands sur la terre ont su atteindre à la véritable grandeur ; c'est que *la vérité, toujours la vérité, quelle qu'elle soit*, est la pierre d'achoppement de beaucoup qui croient ne pas mentir en se tenant à côté du vrai. Et certes, il est par le monde un poète, un génie, qu'il est bien dur et bien douloureux d'accuser ; mais la poésie est le champ des fictions, et ce n'est pas dans la fiction que l'on rencontre les vérités pratiques qui sauvent ; on y trouve seulement le mensonge qui tue ou la réticence qui laisse périr. Si le poète aspirait à devenir homme d'État, il fallait abandonner les périphrases et les grands airs poétiques, ou, tout au moins, suspendre la lyre pour d'autres temps ; et, quoiqu'il eût peut-être été plus sage d'être et de rester le grand poète que de devenir le médiocre politique, il ne fallait pas, du moins, se rendre responsable de cette persécution des instituteurs ; il ne fallait pas, sur des imputations calomnieuses et malveillantes de leurs ennemis, venir, en septembre 1849, s'envelopper dans un drapeau de couleur douteuse, et attirer le mépris de la France sur ceux qui avaient eu foi dans son nom comme dans un emblème d'avenir ; il ne fallait pas chercher à remplacer la popularité du peuple, amoindrie, sinon perdue, par la popularité problématique de la bourgeoisie. Il fallait rester ce qu'on était le 24 février, l'homme au cœur puissant, sachant lutter contre toutes les passions, aussi bien contre les passions *blanches* que contre les passions *rouges*. Il fallait dire : Les instituteurs ont eu, en général, une admirable conduite, et cette conduite doit être applaudie, excitée, encouragée : d'autres n'ont pas compris nos paroles ; ils ont commis des fautes, qui sont presque les nôtres ; il convient de chercher à les ramener par la douceur et la raison ! Ils auraient tous compris ce langage.

Voilà ce qu'un homme de sens droit aurait dit, parce qu'il aurait voulu être vrai ; mais, il n'aurait pas embouché la trompette ; il n'aurait pas adressé aux instituteurs, sur le ton de Cassandre ou de Melpomène, un quatrain élégiaque semblable à celui-ci :

« Et ce représentant *républicain*, qui aura le courage de frapper sur la partie *immorale*, *gangrenée* et *anarchique* des instituteurs primaires, à défaut d'un autre, savez-vous qui c'est ? *Ce sera moi !...* »

Assez, assez de poudre aux yeux du peuple et des natures honnêtes qui veulent connaître la vérité ! Tous, en France, sont les adversaires des hommes immoraux, gangrenés et anarchiques ; tous auraient le *courage* de frapper sur de tels exemples de perversité. Mais, avant de menacer sur des accusations, prenez la peine de chercher le corps du délit, la preuve du crime. Vous ne l'avez pas fait, parce que, pour le faire, il eût fallu vous accuser le premier de *complicité* avec ceux que vous menaciez.

Eh bien ! la vérité, devant laquelle certains ont cru devoir reculer, n'aura été que retardée ; elle sera dite et trouvera son écho dans les cœurs droits et sincères, dans l'âme de ceux qui désirent avant tout l'accomplissement de la justice.

Les instituteurs communaux furent le point de mire des partis qui se montrèrent sur les ruines de la monarchie, et ils le sont encore aujourd'hui des vieux partis ressuscités malgré la République : chacun voulut en faire des moyens, des instruments, des échelons.

Le pouvoir d'alors leur criait par ses circulaires, par les commissaires, par les recteurs, par les inspecteurs :

« Le peuple de France comprend ses droits ; il est mûr pour la démocratie ; à vous la noble tâche de le préparer à l'exercice de sa royauté suprême ! Soyez donc républicains, ou, si vous ne l'êtes pas, taisez-vous ; car... »

On ajoutait ensuite :

« Toutes ces promesses, par lesquelles une monarchie fallacieuse a trompé votre bonne foi, nous allons les réaliser, nous, les hommes de Février. Vous aurez une existence honorable et du pain pour votre vieillesse ! »

Et on leur présentait à l'appui de tout cela dans les conférences, des plans de caisses de retraite, des projets de fixation d'appointements, etc.

Si les instituteurs avaient pu trouver en eux-mêmes la philosophie, la logique indispensable pour avoir une opinion certaine à eux, on n'aurait vu que très-peu d'entre eux se laissant entraîner à ce qui domina la France entière. Mais la plupart, à la vue de cette extrême sagesse du peuple de la Révolution, crurent qu'il y avait dans notre pays assez de bons éléments pour parvenir à la stabilité, au calme, à la paix et à la concorde. Ils avaient compté sans les hommes d'ambition, qui recommencèrent bientôt à lever la tête, et à vouloir tirer parti de ce qui n'était pas fait pour eux. Ils ne pouvaient aimer les extrêmes, car leur mission, leur intérêt même n'est pas dans la lutte des passions. Ils ne pouvaient s'attacher aux doctrines perverses qui tendraient à détruire la famille, la propriété, la liberté, pour les perdre dans une utopie quelconque, et les assujettir à la plus odieuse des exploitations, à celle qui usurperait les droits de Dieu sur l'intelligence humaine. Mais ils ne pouvaient aimer non plus l'égoïsme de ceux qui veulent tout pour eux-mêmes, et le moins possible pour autrui.

Le pouvoir cherchait à se les attacher par ses *envoyés* et ses *missionnaires*; les clubs voulaient les *rougir* par les paroles de leurs *émissaires*. Et pourtant, l'immense majorité resta ce qu'elle devait être, malgré tous les tiraillements : ceux-là mêmes qui osèrent les accuser ont été obligés d'en convenir.

Mais ils s'étaient, en réalité, rendus responsables d'une grande erreur ; ils s'étaient trouvés associés, sans le vouloir, sans l'avoir cherché, et presque malgré leur libre arbitre, aux mérites et aux fautes de ce gouvernement provisoire qui les avait mis en œuvre, et dont quelques membres les désavouèrent plus tard, quand il fallut rendre compte à la France de ce qui avait été dit et de ce qui avait été fait. On singea l'action de ce marquis *viveur*, qui traiterait son intendant de bélître pour lui avoir laissé dépenser sa fortune et ses revenus en pure perte. Les charretiers imprudents avaient lancé leurs chevaux au galop dans une descente rapide ; et quand il fut question de payer le dommage, lorsqu'il s'agit d'indemniser le propriétaire pour le timon brisé, pour les roues disloquées, ils se rejetèrent sur les pauvres chevaux déjà froissés de la chute et succombant sous la fatigue.

Est-ce là du bon sens ? Est-ce là du républicanisme ? Est-ce de la justice ?

C'est là cependant l'exacte vérité que tous les diplomates du monde ne peuvent désavouer. Après avoir profané la fameuse parole qui attribuait dans l'avenir le gouvernement du monde, non plus au canon, mais à l'instituteur primaire, il vint un jour où ceux-là mêmes qui avaient érigé des autels à ces instituteurs qu'ils avaient intérêt à gagner, osèrent bassement les calomnier. Et les imitateurs, les sycophantes, les singes du maître levèrent aussitôt la voix pour crier *haro* et applaudir au mensonge. On trouva mauvais que certains d'entr'eux fussent passagèrement tombés dans des idées qui avaient entraîné des penseurs profonds et des hommes d'un talent incontestable ; on se surprit à vouloir leur ôter le droit de penser, de réfléchir et de juger, qu'on avait pourtant si largement accordé au dernier des artisans ; et l'on tint ce langage à la France : Vous voyez ces hommes qui se livrent corps et âme à l'éducation des enfants du peuple ; nous avons tout fait, tout employé pour les gagner ; nous les avons jetés dans le mouvement de la passion ; nous les avons lancés dans l'arène tumultueuse des conflits politiques; nous leur avons ordonné de suivre nos pensées et nos opinions : et voilà qu'ils ne nous ont obéi que pendant que nous sommes restés fidèles à la cause populaire ; ils ont osé ne pas imiter nos désertions ; ils n'ont pas eu assez de ruse pour devenir en six mois des caméléons, passant du blanc au rouge, du rouge au vert, du vert à d'autres nuances par une dégradation successive ; ils n'ont voulu suivre que l'inspiration de leur conscience, qui leur défendait de trouver mauvais et absurde le lendemain ce que nous leur commandions de prêcher la veille ; il faut qu'ils soient anéantis, ou tout au moins qu'on les domine par la crainte et la terreur. »

Voilà ce qu'on a dit en action, sinon en paroles : et pas une voix d'instituteur ne s'est élevée pour répondre à ce réquisitoire de l'ambition déçue.

A côté de l'erreur dont j'ai parlé, les instituteurs avaient commis deux fautes qui cependant ne doivent pas leur être imputées, car elles appartiennent plutôt encore aux circonstances qu'à leur volonté directe. Ces fautes, les voici :

Ils crurent que l'heure de l'émancipation avait sonné pour eux; ils imaginèrent que le jour était proche où l'instituteur ne serait plus dépendant des ministres du culte, et où il ne serait plus obligé à leur égard qu'à *des rapports de convenance et de respect*. Ils espérèrent qu'on allait enfin les affranchir d'une odieuse tutelle, et de la condition dérisoire qui fait surveiller les progrès de la raison humaine par les amis de l'ignorance, par ceux qui n'ont de *raison d'être* que dans les progrès de la décadence intellectuelle. Ce fut là leur première faute ; car jamais la *cléricature*, ce parti qu'un autre *poète* sentait partout sans le voir, ne leur pardonnera d'avoir conçu et nourri cet espoir.

La seconde faute des instituteurs, celle que Nicolas déplorait amèrement, et dont il comprenait toute la gravité, c'est qu'ils ne sont pas unis ; c'est qu'ils ne forment pas un corps homogène, et que par là ils donnent trop de prise à leurs ennemis. La monarchie avait cherché à obvier à cet inconvénient en organisant les conférences ; mais depuis, les conférences devinrent autant à craindre que l'isolement, et il fallut redouter de trouver des ennemis partout. Les instituteurs n'étaient pas pénétrés du souverain principe qui fait un devoir de la charité et de la fraternité : était-ce leur faute, ou celle de ceux qui dirigeaient leur enseignement ? Mais cette question sort du cadre que je me suis tracé, et l'espace me manque pour l'aborder.

Telles furent les fautes réelles et sérieuses des instituteurs: quant aux prétextes, ils sont d'un ridicule suprême. On répète à qui veut l'entendre qu'ils sont des impies, des ambitieux, des rouges, des démagogues ; qu'ils ont faussé les élections ; qu'ils professent des doctrines antisociales et opposées à la famille et à la propriété. Nicolas assurait un jour devant quelques personnes qui, ne le connaissant pas, divaguaient de la sorte en sa présence, que la justice devrait condamner à une détention perpétuelle les instituteurs qui justifieraient ce portrait :

« En effet, disait-il, un mauvais instituteur est plus nuisible à la société que le dernier des malfaiteurs ; car il tue le cœur et l'âme. Mais les instituteurs ne sont pas des impies ; la preuve peut en être facilement établie par une simple question : qui du curé ou de l'instituteur apprend à un enfant les prières et le catéchisme? C'est le prêtre qui les fait réciter en public, il est vrai; mais il ne fait que recueillir ce qu'il n'a pas semé, et il se pare du travail du pauvre *maître d'école*. Et d'ailleurs, même en vous donnant raison, ce qui est impossible, il est bien difficile de rester pieux quand on voit les prêtres de trop près. Les instituteurs n'ont pas faussé les élections et ils ne sont pas ambitieux ; car s'ils l'avaient été, l'Assemblée constituante aurait compté dans son sein un nombre considérable d'entre eux ; et personne ne viendra nier que chaque instituteur ne puisse entraîner dans son sens électoral un minimum d'une vingtaine de voix : cela suffisait pour faire passer partout leurs candidats, s'ils avaient tenu à avoir des candidats à eux. Cette base assurément fort modeste conduit à un résultat de près d'un million de votes pour l'élection d'un président ; et certainement ils pourraient faire pencher la balance s'ils voulaient *s'entendre*. Mais que leur importe? Leur ambition ne va pas jusqu'à l'hémicycle officiel; elle se borne à désirer de se rendre utiles à l'œuvre de l'humanité, et de ne pas être réduits à la misère dans leurs vieux jours.

« Si l'on entend par *rouges*, par *socialistes*, les ambitieux qui désirent tout obtenir, et par *blancs* les ambitieux qui veulent tout garder, les instituteurs abhorrent, à titre égal, les uns et les autres ; mais si vous comprenez sous le nom de socialistes tous ceux qui voudraient que les bienfaits de la société soient répartis dans une proportion de justice, et que les inconvénients, les charges de la collectivité soient enfin supportés par tous, en raison directe de leurs facultés et de leur fortune ; si vous comprenez sous ce nom les hommes qui veulent la paix et l'union, en même temps que le développement de la raison, l'amélioration morale et matérielle du sort de tous ; si c'est là votre opinion, les trente-huit mille instituteurs de France sont tous des socialistes sous ce rapport.

« Et ceux qui accusent les instituteurs d'être les ennemis de la famille et de la propriété, ont-ils réfléchi sérieusement avant de jeter sur eux une injuste et funeste accusation ? Ont-ils songé que l'instituteur est, en général, un enfant des campagnes, aimant la terre comme le coquillage s'attache au rocher où il a pris naissance ? Ont-ils pensé que son unique souhait, que son vœu le plus ardent, est de pouvoir acquérir un petit champ, un modeste enclos, dont le produit nourrira sa famille au temps des infirmités ? A lui, une parcelle de quelques mètres coûte dix ans de travail ; à ses ennemis, la richesse ne coûte que la peine de naître, selon l'énergique langage de Beaumarchais. Est-il supposable que les instituteurs haïssent ce qui est constamment l'objet de leurs rêves terrestres, ce qui est l'avenir de leurs enfants ? Et leurs enfants, leurs femmes, leurs foyers ; qui donc osera leur dire en face qu'ils ne trouvent pas dans cette affection la compensation de la misère ? Fonctionnaires indigents, pendant qu'il est en France des milliers de grasses sinécures, ils ne rencontrent la consolation que dans les douces caresses de leurs enfants et dans la tendresse de leurs compagnes ; ils n'ont pas d'autre capital, et ils ne peuvent en être les ennemis, à moins de viser à Charenton ou à Bicêtre. »

Cette réponse de Nicolas suffit pour convaincre les adversaires auxquels elle s'adressait ; mais elle ne peut suffire pour annihiler l'influence de ceux que le peuple appelle les *gros bonnets*. Ceux-là ne pourront jamais pardonner aux instituteurs d'avoir dit et pensé que les lois d'impôt sont de la dernière iniquité ; que ce sont précisément ceux qui tirent le plus d'avantages du contrat social qui apportent la plus faible mise dans les charges publiques ; que ceux qui boivent du Madère ou du Champagne devraient payer plus de droits que les malheureux qui ne consomment que de la piquette ; que le champ et la vigne du pauvre et la propriété foncière en général, grande ou petite, ne doivent pas supporter toutes les contributions, pendant que les capitaux et les rentes sur l'État ou autres en sont totalement exonérés ; que le prolétaire ne doit pas être privé d'instruction par la raison qu'il ne peut pas la payer ; que, si l'État vient lui prendre son fils pour en faire un soldat, il en tire un contingent positif qui doit avoir au moins été payé en intelligence ; que la prestation en nature est un contresens absolu ; que la société ne doit rien demander à ceux à qui elle ne donne rien, etc. ; non, il ne peut y avoir de pardon, il n'y a pas d'absolution possible pour des crimes aussi détestables ! D'ailleurs, les curés n'aiment pas les instituteurs laïcs ; on leur enseigne à les haïr sans les connaître. Nicolas se souvenait de ce qu'il avait entendu au séminaire sur ce sujet ; il se rappelait le souverain mépris avec lequel les *tonsurés* traitaient les *maîtres d'école* ; il connaissait ce ton de grandeur apostolique du haut de laquelle le clergé parle de ceux sans lesquels il serait réduit à la situation des missionnaires des deux Chines ; il savait que ces gens-là ne peuvent supporter qu'on découvre le bout de l'oreille, qu'on fasse voir leur côté faible, et qu'ils sont furieux de voir que les instituteurs ont sympathisé avec les efforts de ceux qui cherchent l'ordre par la justice, et qui tendent à hâter l'avènement du véritable règne de Dieu.

Voilà les crimes des instituteurs ; voilà une partie de ce qu'on peut dire pour leur défense. Que la masse examine et juge ! Que les hommes impartiaux se rendent enfin un compte exact de la différence qu'il y a entre l'ordre par le droit et l'ordre par l'égoïsme et l'injustice !

CHAPITRE XVII.

Le malheur d'un instituteur quand son curé est un idiot ou un hypocrite.

Peut-être ai-je anticipé sur les événements dans le chapitre qui précède ; mais, dès le début de la République, dès le commencement de ce qui devait être une époque de liberté dans le droit, d'égalité dans la justice, et de fraternité évangélique, les instituteurs avaient été jetés comme une proie aux partis, comme des gérants responsables sur lesquels on pouvait punir les fautes de ceux qui savent se mettre à l'écart. Il importait à l'intelligence de l'histoire de Nicolas de mettre le lecteur au courant de cette situation remplie de périls qu'on s'était plu à leur créer. Je reprends donc le fil de mon récit à l'endroit où j'avais dû l'interrompre.

C'était vers la fin de mars 1848 ; on agitait beaucoup la question électorale, et toutes les communes du canton habité par Nicolas choisirent un délégué, dont la mission était de participer aux séances des comités cantonnaux et d'arrondissement, pour rendre compte aux électeurs de ce qui s'y déciderait sur le mérite des candidats. Le jeune instituteur fut chargé de cette tâche à la presque unanimité des électeurs de la commune. Mais alors déjà, on remarquait une tendance à escamoter le *suffrage universel*, en proposant aux électeurs ruraux des candidats contraires à leurs vrais intérêts.

Le chef-lieu du canton n'avait que deux mille habitants, et il était représenté au comité par *quatorze* ou *quinze* délégués, tandis que chaque commune rurale n'en avait qu'*un seul*; il en résultait nécessairement que les citadins l'emportaient dans tous les scrutins. Nicolas et ses amis eurent beau s'opposer à cet abus ; ils avaient contre eux la majorité, dont la volonté, ou plutôt le caprice, obtint toute puissance et force de loi.

Le but que se proposaient les meneurs, dans ces réunions préparatoires, était évidemment d'incliner les votes vers les candidats de leur choix, qu'ils voulaient, en quelque façon, imposer à la masse des électeurs. Ces pauvres fractions du *peuple souverain* étaient agitées dans tous les sens et ballotées par les vents les plus contraires ; tantôt l'ouragan soufflait *rouge*, tantôt il grondait *blanc*, quelquefois il mugissait *vert* ou *bleu*; c'était à ne plus s'y reconnaître. Et les professions de foi, et les circulaires, et les documents de toute nature pleuvaient chez les instituteurs, dont plusieurs se virent entre les mains assez de paperasses pour la consommation annuelle de l'épicier de leur village. C'était un mélodrame à la fois triste et grotesque que la lecture des protestations républicaines des fidèles de la monarchie, qui se présentaient alors très-humblement aux suffrages de leurs co-électeurs, et dont plusieurs étaient même allés jusqu'au titre de *citoyen* et au *salut fraternel.* Quelle lâcheté et quelle ridicule petitesse que de ne pouvoir, pendant trois mois, conserver le souvenir de ce qu'on avait adoré, et de se laisser entraîner par la soif insatiable des honneurs jusqu'à désavouer tout un passé, jusqu'à blasphémer ce qu'on vénérait il y avait à peine quelques semaines, jusqu'à venir attester que l'on avait toujours nourri des sentiments républicains et démocratiques, malgré le dévouement absolu que l'on avait manifesté pour le régime tombé ! Il fallait bien qu'ils acceptassent les faits accomplis, les princes exilés ont été eux-mêmes obligés d'en faire autant ; mais peut-on mettre tant de cynisme et d'impudeur dans sa conduite et peut-on concevoir une aussi stupide vénalité ?

Nicolas se contentait de rapporter simplement aux électeurs ce qui s'était passé et ce qui avait été dit à la réunion cantonnale, sans incliner l'opinion plutôt vers un candidat que vers un autre ; il comprenait la nécessité absolue de l'indépendance électorale, et il ne voulait pas y apporter d'obstacles.

Alors les instituteurs étaient *obligés,* de par le ministère, le rectorat, la préfecture et l'inspection, de faire le soir un cours de *droit social* dont ils recevaient le texte imprimé : ils étaient devenus des présidents de clubs, et on les forçait d'enseigner ce qu'ils ne connaissaient pas et ne comprenaient pas eux-mêmes. Est-il étonnant que plusieurs se soient fourvoyés quand le scepticisme était à l'ordre du jour, et qu'on ne les employait que comme des jalons, ou plutôt comme des sentinelles perdues livrées à l'ennemi sans défense ? Que de grâce et de justice on eut dans la suite en les accusant et en les punissant pour ce qui ne pouvait pas ne pas être ? Nicolas n'eut cependant aucun reproche à se faire à cet égard : il était chrétien de foi et de conviction, quoiqu'il n'eût guère confiance aux formalités cérémonielles des religions ; il négligeait donc absolument les théories qui lui étaient envoyées, et il prenait pour texte de ses leçons les principes et les maximes de l'Évangile.

L'Évangile veut que l'on soit juste pour tous, que l'on pratique la vertu et le devoir avant tout ; Nicolas avait en conséquence pris pour devise : *le devoir quand même et les droits ensuite.* Les paysans du village lui avaient donné le surnom, glorieux alors, de Lamartine, et la réunion du soir était fréquentée assidûment par plus de quatre-vingts pères de famille.

L'élection devait avoir lieu le jour de Pâques : le curé fit appeler l'instituteur dans la journée du Vendredi-Saint ; il avait à lui faire une communication importante. Son parent, le grand-vicaire, se mettait sur les rangs ; mais il avait été éliminé par la plupart des comités. Il s'agissait donc de *refaire* cette candidature dans le canton et surtout dans la commune, afin que M. le curé ne fût pas taxé de négligence par le bien-aimé cousin. Il pria, en conséquence, Nicolas d'appuyer ce nom de tout son crédit et de lui prêter le concours de son influence, *la religion devant éprouver un grand dommage si l'on ne faisait entrer à la chambre un certain nombre de prêtres éminents et instruits.*

L'instituteur croyait qu'il y aurait toujours assez de jésuites aux affaires, et sa conviction était que le Christ n'a pas institué une Eglise pour qu'elle prît part aux gouvernements. Chargée d'une mission toute spirituelle, l'Eglise doit rester chez elle, et ne pas se mêler des affaires de l'Etat ; d'ailleurs, il devrait y avoir entre les deux pouvoirs une scission complète et absolue. Cette grande question de la séparation de l'Eglise et de l'Etat, appuyée par les hommes du plus grand mérite, et résolue par la nature même des deux ordres de juridiction entièrement opposés, se retrouve complètement dans cette parole du Christ devant Pilate : Mon royaume n'est pas de ce monde !

Nicolas se refusa à ce que demandait M. le curé ; mais il consentit à ce qu'il vînt à la réunion préconiser son candidat de la façon qu'il l'entendrait : il le fit, et pérora pendant une heure pour exalter les vertus, les brillantes qualités et le mérite transcendant du cher cousin. A cela il pouvait bien n'y rien avoir à objecter ; et si, intérieurement, Nicolas n'aimait pas cette candidature, c'était moins par raison personnelle que pour le motif que j'ai indiqué : il avait lui-même quelques obligations de reconnaissance à ce candidat ; mais cette raison ne suffisait pas en politique, et l'on devait craindre de voir à la Constituante autant de prêtres ou d'évêques que de diocèses : ce résultat aurait anéanti l'effet de la révolution et replongé la France dans les vieux systèmes. L'instituteur voulut cependant rester fidèle à la neutralité qu'il s'était imposée ; il ne fit aucune objection et se contenta de répondre négativement aux électeurs qui l'interrogèrent, et lui demandèrent s'il donnerait sa voix au candidat de M. le curé.

Au retour de l'élection, le curé était beaucoup plus républicain que Nicolas lui-même : il parla d'enthousiasme, et parla bien, pendant une demi-heure, *sous l'arbre de la liberté* qu'il avait *bénit* quelques jours auparavant avec force cérémonies ; tant il est vrai que souvent l'influence de la vérité dompte ses plus grands ennemis.

Vinrent les élections pour les conseils-généraux et d'arrondissement, et l'on vit des gens prodiguer les plus basses flatteries aux instituteurs, afin d'obtenir leur appui et de les trahir ensuite plus aisément. Mais ceux-là aussi seront démasqués plus tard, et il vient un jour où toutes les vilenies se découvrent.

Cependant, le cousin n'avait pas été élu, et le petit curé en était furieux : il n'attendait qu'une occasion pour le faire voir à Nicolas, qui sentait intérieurement mugir une tempête. Cette occasion se présenta en juillet 1848 : le patriarche futur du Burgraviat avait fait insérer dans les journaux une lettre dans laquelle il préférait l'enseignement des *Très-Chers-Frères* de toute sorte à celui des instituteurs laïcs, qu'il appelait traîtreusement phalanstériens. C'était bien là *retourner à son vomissement*, comme parle l'Ecriture ; et quelques années auparavant, il aurait fait sonner bien haut l'accident du pauvre Léotade. Mais enfin on ne peut forcer les hommes de talent à être toujours raisonnables, et ils ont aussi leurs petits moments de folie, de bêtise ou d'oubli ; ils se trouvent quelquefois dans le *quart-d'heure* de Rabelais, et il faut leur pardonner quelque chose. Nicolas était chez un ami ; on lui montra cette lettre, et il ne put s'empêcher de dire que, s'il respectait profondément les vertus privées et domestique de la famille détrônée, il croyait que la royauté avait été bien malheureuse dans le choix d'un ministre qui était devenu une des causes principales de la révolution. Il allait expliquer sa pensée, lorsque le curé entra : il s'enquit du sujet de la conversation, et tout aussitôt se mit à gloser sur le compte des maîtres d'école de la manière la plus ridicule. Il poussait à ce propos l'ignorance aussi loin que Pradon au sujet de la métonymie, et croyait de bonne foi que tout phalanstérien était un hérétique. Nicolas crut devoir prendre la défense des instituteurs, et il ne voulut pas laisser ainsi calomnier devant lui le corps auquel il appartenait : « la rage alors se trouve à son faîte montée ! »

— Mais vous-même qui les défendez, s'écria le prêtre hors de lui, vous m'avez indignement trompé lors des élections ; vous m'avez joué...

— Non ; je vous ai promis peu de chose, mais j'ai tenu le peu que j'avais promis.

— Cela n'est pas vrai, Monsieur ; d'ailleurs, vous étiez *vendu* au gouvernement provisoire ! »

Nicolas ne put tenir à cette insulte ; c'était le coup de pied de l'âne. Il se leva, et obligea le curé de rétracter sur-le-champ ce qu'il venait de dire. Il ne l'aurait fait, que le jeune homme était parfaitement disposé à lui infliger le traitement des lâches, malgré sa robe, sa quasi-divinité et l'excommunication *ipso facto*.

A partir de ce moment, le ministre de la charité n'eût plus de repos dans sa haine, et cette fameuse *rancune de prêtres* poursuivit l'instituteur sous toutes les formes.

Les événements se succédaient avec une promptitude effrayante : l'élection du président de la République devait avoir lieu dans quelques jours, et dans bien des provinces l'opinion était fort partagée. Nicolas s'associa aux six millions d'électeurs qui crurent que l'héritier d'un grand nom, proscrit et exilé naguère, était l'homme de la situation. Il pensait que celui qui avait étudié dans une prison les douleurs de la misère et *la honte du paupérisme* ne pouvait oublier que le droit seul fait la véritable force. Plusieurs le blâmèrent de cette idée ; mais des journées néfastes avaient étendu sur la France un crêpe de deuil ; on ne pouvait aimer son pays, si l'on n'apportait dans le suffrage populaire une extrême prudence. Du reste, en admettant que la présidence ne fût qu'une transition entre une royauté constitutionnelle et la démocratie pure, mieux valait que cet *essai* fût tenté avec un homme éprouvé par la souffrance qu'avec tout autre. Et en cela, l'avenir seul peut établir et démontrer ce qu'il convenait de faire.

Nicolas ne prit aucune part aux élections de la Législative : M. le curé avait été faire sa propagande à peu près de maison en maison, et l'instituteur ne voulait pas se faire agent électoral : il avait même cessé de paraître au comité cantonnal, par la raison que l'on n'avait pas voulu modifier la composition injuste et partiale de ce comité.

Lorsqu'enfin il ne fut plus question de suffrages ni d'élection, le curé se souvint de ses griefs contre Nicolas ; il résolut de ne lui laisser aucune paix, et de n'avoir de satisfaction qu'après la défaite de celui qu'il haïssait avec toute la tenacité cléricale. Il dissimula cependant en une occasion : la religieuse qui dirigeait l'école des filles n'avait pu tenir contre ses persécutions ; il en fallait une autre pour la remplacer, et M. le curé en *voulait* une qui fût très-instruite, qui sût chanter et *n'eût pas plus de vingt-cinq à trente ans* : on ne pouvait, disait-il, mener les vieilles comme on voulait. Pour avoir la paix, le conseil municipal lui laissa faire la demande à son gré, et il lui fut octroyé ce qu'il *désirait* : une jeune sœur de vingt-sept ans, à l'œil vif et noir, à la taille bien cambrée, à la voix passablement fraîche, vint prendre la place de la pauvre vieille dont les allures avaient tant déplu au chef de la petite Église.

Dès l'abord il ne pouvait la voir ; elle-même manifestait contre lui une grande antipathie, et il se proposait déjà d'en demander une autre, quand un revirement soudain vint changer leur manière de voir. Les motifs de leur aversion pouvaient être très-justes ; ceux de leur liaison furent un mystère que plusieurs eurent l'audace de vouloir pénétrer.

On en jasa beaucoup ; c'était le temps des veillées, et Dieu sait les quolibets qui pleuvaient sur ce couple infortuné, lorsque le curé s'avisa d'un expédient qui rappelait la queue du chien d'Alcibiade. Des jeunes filles, inexpérimentées et novices encore, eurent la maladresse de lui dire à confesse qu'elles avaient été au bal : elles furent condamnées à l'amende, qui à cinq sous, qui à huit, etc. Aussitôt grande rumeur au pays ; on oublia les amours vraies ou prétendues du curé et de la nonnette, pour ne s'occuper que de sa rapacité et de son amour de l'argent. L'année précédente, il avait gagné cent quatorze francs dans les quêtes du soir, ce qui est énorme pour un hameau de cent vingt ménages, dont les habitants ne pouvaient payer qu'à grand'peine les mois d'école de leurs enfants ; et voilà que peu satisfait de cela, il cherchait un autre moyen de *battre monnaie*.

Les paysans, irrités de cette amende pénitentielle, disaient qu'il vendait Dieu et l'absolution ; on alla même jusqu'à découvrir que, pour satisfaire à ses exigences, une jeune fille avait été obligée de *voler sa mère*. Il paraît, du reste, qu'à Noël 1849, la chose était cotée à la baisse, et se ressentait de la réaction ; car les amendes n'étaient que de vingt-cinq centimes, et tout au plus de quarante, tandis qu'à Pâques précédent, les cours, beaucoup plus fermes, variaient de quarante à cinquante centimes.

On fit là-dessus quelques malignes affiches, que Nicolas eut grand soin de faire disparaître dans la crainte de se les voir attribuer : il les fit arracher et remettre au maire ; mais cela n'empêcha pas la rage du curé de dire que l'instituteur les avait faites ou conseillées. Il dépeignait Nicolas dans ses sermons sous les traits enchanteurs de Satan : quelquefois il se contentait de l'appeler son bourreau et de se comparer modestement à Jésus persécuté par les Juifs. Le maire avait été obligé de donner sa démission par suite de quelques malversations dont on l'accusait, et il avait été remplacé par un des parents de Nicolas ; en sorte que, dans les discours de M. le curé, l'instituteur et la partie du conseil municipal qui lui était favorable, étaient désignés par les Juifs, ceux qui suivaient les étendards de Satan et autres drôleries de ce genre.

Ce *brouhaha* d'absolutions passé, on revint à Cythère : quelque mauvais plaisant *vit clairement de l'amour* dans les relations intimes du jeune curé et de la très-jeune religieuse : on adressa à celle-ci une lettre infâme sous le voile méprisable de l'anonyme, et au lieu de prendre le parti le plus sage en jetant cette turpitude au feu, elle ameuta toutes les mamans et en fit part à M. le curé.

Jusqu'alors Nicolas s'était tenu très à l'écart dans cette sale affaire : il avait vu bien des choses, on lui en avait rapporté beaucoup plus encore, et il s'était tu. Aussi fut-il fort surpris lorsque, le dimanche suivant, le brigadier de gendarmerie arriva, mandé par le curé. Après avoir passé deux heures chez le prêtre, il vint chez le maire à onze heures. Sa face était enluminée des *couleurs défendues*, et, après quelques pourparlers, il requit l'ouverture de l'école. Il voulait visiter les cahiers des élèves, afin de s'assurer de la similitude qu'il soupçonnait avec l'écriture de l'anonyme.

Il appartenait vraiment à ce bon M. d'Hautpoul de transformer le brigadier de gendarmerie, sachant à peine lire, en *écrivain expert* et en contrôleur général de tous les fonctionnaires de France ! L'invention est assez belle et assez phénoménale pour passer sans encombre à la postérité, comme produit de l'industrie ministérielle.

Cependant, à son grand regret, l'expert ne trouva rien, et force lui fut d'aller faire semblable perquisition chez la *bonne sœur*, Nicolas l'ayant menacé d'une plainte au parquet, pour ce qui était en réalité un acte diffamatoire. On fut donc bien désolé en haut lieu, et l'on chercha la consolation dans le jus de la treille; car il paraît qu'on ne se quitta que les *outres vides*, à une heure fort avancée.

On apprit à Nicolas que le candide gendarme se félicitait du souper confortable qui l'avait amplement dédommagé de sa corvée; mais il n'ajoutait pas un petit incident qui devait compléter son aveu. Un jeune étourdi avait eu l'imprudence de hasarder une supposition fort leste sur le compte du curé et de la religieuse : il en résulta un procès-verbal où figurèrent comme témoins ses compagnons de bouteille. La *sœur* assistait à la rédaction, et lorsqu'on fut à la citation du propos tenu par ce jeune homme, que j'appellerai Claude, pour lui donner une appellation quelconque, le curé et la religieuse entendirent, sans sourciller, répéter plusieurs fois une fangeuse expression dont ne voudrait pas se servir une prostituée.

A quelque temps de là, le *digne curé* fit appeler ce pauvre Claude : il y avait grand conciliabule, on le menaça de la prison, de l'amende, etc., etc. Le malheureux écrivit deux actes de rétractation, l'un pour la religieuse, l'autre pour le prêtre, sous la dictée de ce dernier. On dit même qu'il poussa l'obéissance jusqu'à demander pardon à deux genoux : si le fait a eu lieu ainsi, il aurait dû perdre ses épaulettes, car il était officier de la garde nationale.

Mais cette rétractation ne peut anéantir la déposition qu'il fit dans une enquête judiciaire où il parut comme témoin quelques semaines après.

CHAPITRE XVIII.

Un comité supérieur. — Une enquête. — Les soupers de M. le Curé.

Cédant aux sollicitations de sa jeune femme et fatigué de toutes ces tracasseries, Nicolas résolut de débarrasser le curé de sa présence gênante et d'abandonner la place à son froc ; il n'avait d'autre parti à prendre, pour éviter les désagréments que la charité par excellence voulait lui susciter, que de venir passer quelques années à Paris, en attendant qu'il pût retourner *planter ses choux* et vivre indépendant. Il partit en conséquence la veille de Noël, sur la simple autorisation du comité local et du conseil municipal : il va sans dire que le curé n'avait pas participé à cette permission. Nicolas ne resta que cinq jours dans la capitale, et aussitôt qu'il eût obtenu des données sur une position, il s'empressa de revenir à son poste.

Mais pendant cette courte absence, le représentant du Dieu de concorde n'avait pas perdu une minute ; il avait osé prendre l'initiative et donner le signal d'une guerre ouverte et déclarée. Déjà on avait fait sur l'instituteur une enquête à peu près insignifiante ; mais tout était en bouleversement ; le village était divisé en deux camps ; les uns prenaient parti pour, les autres contre Nicolas, et le curé avait fait boire tout son vin et dévorer ses provisions pour se faire des créatures. Il eût été extrêmement facile à l'instituteur de lutter par les mêmes moyens, et il n'avait pas à craindre d'échec ; car la parenté, les services rendus, l'estime et l'affection que lui portaient la plupart des habitants, tout paraissait être à son avantage ; mais il aurait rougi de s'assimiler à tant de petitesses. Il préférait donner immédiatement sa démission, afin de retrouver dans la vie privée la tranquillité et la liberté. Déjà cette démission motivée était écrite et il allait l'expédier, quand il reçut du sous-préfet une invitation à comparaître devant le comité supérieur.

Il n'y avait plus à reculer, et Nicolas n'aurait pas voulu pour beaucoup commettre une telle bassesse ; il préféra donc attendre l'attaque et il se présenta à la sous-préfecture.

Le sous-préfet et tous les membres du comité étaient animés de bonnes intentions pour les instituteurs qui étaient en butte aux vexations de leurs curés ; mais cette bonne volonté devait échouer devant les pouvoirs illimités des préfets : ceux-ci n'étaient obligés par les dispositions légales qu'à prendre l'avis des comités d'arrondissement et non à s'y conformer, en sorte que ce n'était là qu'une véritable comédie dont l'enseignement primaire faisait les frais. En général, on ne paraissait pas tendre à frapper les maîtres ineptes ou indignes, mais on voulait renverser tous ceux qui déplaisaient au parti-prêtre ou qui étaient gangrenés de ce fatal esprit républicain.

Nicolas avait été l'objet d'une douzaine de dénonciations, empreintes d'une stupidité remarquable : on l'accusait en particulier de ne pas être convenable avec M. le curé ; d'avoir quitté la commune sans autorisation ; de se faire aider dans sa classe par son jeune frère ; de s'absenter quelquefois de l'école ; d'avoir déchiré des professions de foi qui lui étaient envoyées, etc. Il ne pouvait prévoir cette avalanche de reproches graves dont ses ennemis avaient, de concert avec le *pontife en herbe*, barbouillé une main de papier-écolier : il avait recueilli ses idées pour une espèce de défense générale, à laquelle il se borna. Il se contenta de faire connaître à ses juges ce qu'il était comme homme, ce qu'il avait fait comme instituteur, et quels avaient été ses actes et ses paroles comme citoyen.

Depuis huit ans, il avait deux fois sacrifié un avenir et des espérances de position pour venir partager le pain des larmes, et se faire le protecteur d'une famille désolée. Jamais il n'avait connu les joies de la jeunesse, et depuis sa plus tendre enfance, il avait été suivi des bons témoignages et des regrets de tous ceux qui l'avaient connu. Epoux dévoué et père tendre autant que bon fils, il défiait la calomnie d'oser nier que sous tous les rapports sa vie domestique ne fût exemplaire. A côté du simple particulier, l'instituteur exposa ses efforts pour obtenir de bons résultats dans un village arriéré et presque encore du moyen-âge ; il avoua sans détour que les fonctions de l'enseignement lui avaient été un grand sujet d'ennui pendant la première année ; que les idées poétiques et exaltées de son éducation s'accordaient peu avec la prose de l'abécédaire ; mais il attesta que depuis lors il avait fait tout ce qu'il était humainement possible de faire. Il apporta des chiffres pour confirmer ce qu'il avançait, et déclara qu'à cet égard il était prêt à s'en rapporter à une inspection sérieuse et impartiale. Quant à ses actes de citoyen, il attesta n'avoir fait aucune espèce de propagande ; il appela en témoignage de sa modération le calme profond que son petit village avait conservé tout le temps que M. le curé ne l'avait pas troublé ; mais aussi, il dit nettement que s'il n'appartenait pas aux écoles politiques modernes, il se sentait porté vers le socialisme ardent de saint Paul et de saint Jean l'évangéliste, et que personne ne voudrait lui faire un crime de s'attacher à suivre les opinions et les idées de ces grands modèles.

Enfin, il termina en faisant voir que le seul ennemi réel qu'il eût dans la commune n'était autre que le curé ; il en apporta des preuves convaincantes en assez grande quantité pour éclairer la religion du comité. Il ne lui restait plus alors qu'à se justifier des misères qu'on lui imputait : cela ne lui fut pas difficile. Il soumit à l'appréciation du comité un certificat du comité local et un autre du conseil municipal, qui étaient tout en sa faveur ; il produisit une attestation des pères de famille, revêtue de trente-sept signatures sur quarante-trois, et déclarant qu'aucune espèce de plainte n'était à faire contre lui ; il présenta même à l'appui de tout cela les procès-verbaux du comité local, *rédigés et signés par le curé*, et contenant tous des éloges et des témoignages de satisfaction.

Une telle défense eut un plein succès auprès du comité supérieur ; car, par une délibération sérieuse, ce corps chargea le sous-préfet, son président, de prier M. l'évêque de *rappeler le curé de... à des sentiments de charité et de justice* qu'il semblait avoir oubliés. Le sous-préfet assura au maire que son jeune parent n'avait absolument rien à craindre et qu'on ne briserait jamais l'avenir d'un instituteur aussi dévoué pour satisfaire les injustes caprices du desservant. Un tel acte d'arbitraire ne pouvait avoir lieu en France, au moins d'après son opinion. Au surplus, il engageait sa parole qu'il protègerait Nicolas contre les vexations de son ennemi.

L'instituteur revint du comité, encouragé et presque décidé à abandonner son projet d'émigration ; d'ailleurs, il mit le plus grand soin à ne rien dire et à ne rien faire qui laissât soupçonner le résultat de son voyage. Mais il devait, comme Jérôme Paturot, passer par bien des vicissitudes ; et s'il avait eu, en 1847, l'inspecteur *gras*, il lui était réservé un inspecteur *maigre* pour 1850.

Vers la fin de janvier, un de ses amis lui fit tenir une lettre qu'une circonstance fortuite avait fait tomber décachetée entre ses mains : cette épître, signée par un misérable chargé de quelques fonctions d'église dans la ville voisine, prévenait le curé de l'arrivée au chef-lieu d'un inspecteur des écoles, et l'avertissait de profiter de cette occasion pour obtenir la révocation de Nicolas. Cette lettre révélait tout le mystère, et faisait voir de la manière la plus nette que toutes ces haines avaient une sacristie pour officine. Le jeune instituteur en était convaincu ; mais la preuve directe lui avait manqué jusqu'alors, et elle lui parvenait au moment le plus opportun.

En effet, deux jours après l'inspecteur était arrivé. Il alla d'abord *présenter ses hommages à M. le curé*, et il accepta avec empressement *l'hospitalité* qui lui fut offerte : c'était tout simple, la cuisine du presbytère était meilleure et plus économique, à beaucoup près, que celle de l'auberge du village. En pareil cas, un rapport dans le sens clérical paie l'écot ; l'instituteur en souffre ; mais, qu'est-ce que cela peut faire ? On a bien dîné, bien soupé, on a eu un bon lit, on a bu d'excellent vin au lieu de la boisson aigrelette du cabaret, et tout cela mérite considération quand on est *maigre* et que l'on éprouve le besoin de se faire une certaine *ampleur*. Et puis les curés peuvent beaucoup ; un sous-inspecteur a son ambition, et un degré de plus n'est pas à dédaigner. C'est peut-être de l'hypocrisie ; car il n'est guère possible qu'un sous-inspecteur, qui a été instituteur, puisse s'en rapporter dans sa conscience, s'il en a une, à ce que peut lui dire le prêtre contre l'instituteur. Mais on est sur le chemin de l'avancement, on désire ne pas rester sur le premier échelon, et tout moyen est bon ; car on se rappelle, et on met en pratique, le précepte de Louis XI. Il n'est rien comme la fumée d'un premier succès pour étourdir les hommes et leur faire éprouver des hallucinations magnétiques.

Le sous-inspecteur apprit *le lendemain* au maire qu'il était *en mission spéciale*, et il le pria de réunir aussitôt le comité local. Il était chargé de faire une enquête sur la conduite de l'instituteur.

Il vint donc, escorté du comité local, faire l'inspection de la classe de Nicolas ; cette fois le curé y était, et, depuis longtemps, cela ne lui était pas arrivé. Un jour, il s'était avisé de vouloir exiger que le maître modifiât sa méthode dans le sens des anciens systèmes réprouvés par la loi ; Nicolas avait eu l'audace de lui demander l'exhibition de son brevet de capacité, déclarant d'ailleurs qu'à lui seul appartenait l'ordre et la méthode de ses leçons. M. le curé avait été fort scandalisé de la réponse, et il n'avait plus reparu à la classe. Cela aurait fait un grand plaisir à l'instituteur, si le prêtre n'avait fait courir dans la commune le bruit mensonger que Nicolas lui refusait l'entrée de l'école.

Les élèves de la première division faisaient leur lecture dans l'Évangile ; le ministre de l'Évangile trouva cela fort mauvais, et, selon son avis, la parole de Dieu ne pouvait parvenir au peuple que par l'intermédiaire de son jugement, à lui. A cette balourdise, l'instituteur répliqua par cette parole des Écritures : *C'est de la bouche des enfants et de ceux qui sont encore à la mamelle que Dieu tire une louange parfaite*, et par cet autre passage : *Dieu a choisi les faibles de ce monde afin de confondre les forts.* Et il ajouta que, d'après lui, la candeur de l'enfant lui faisait beaucoup mieux comprendre l'Écriture que ne pouvaient le faire des hommes passionnés, qui en torturent le sens selon leur intérêt. Désappointé de cette inqualifiable réponse, le curé se rejeta sur un autre point et accusa Nicolas de ne pas faire apprendre le catéchisme à ses élèves :

« Monsieur le curé, repartit gravement l'instituteur, ce n'est pas le moment opportun pour examiner vos récriminations ; les élèves n'ont pas besoin de connaître les misères que vous voulez bien me reprocher. Cependant, je répondrai à cette allégation par un fait significatif qui s'est passé dimanche dernier : mes élèves n'apprennent pas le catéchisme, dites-vous ; vous avez un élève à vous qui ne fait autre chose, et cet élève a été placé par vous après tous les enfants de l'école, parce qu'il savait beaucoup moins que le dernier d'entre eux le chapitre que vous aviez donné à apprendre. »

L'inspection finie, le comité se réunit à la mairie, et le curé exposa ses motifs de mécontentement.

Nicolas lui avait refusé des *servants de messe* ; il était un *rouge cramoisi* ; il avait détruit des bulletins électoraux qui lui avaient été remis ; il était dans le sens antisocial puisqu'il recevait un journal démocratique ; il avait pris part à l'affaire de la religieuse, etc., etc.

Lorsqu'on appela l'instituteur, il répondit à toutes ces imputations :

Il n'avait pas refusé à M. le curé de servants de messe ; seulement, il avait donné pour cet effet deux *enfants de chœur* différents chaque jour, afin que les deux mêmes enfants ne perdissent pas le même exercice de la classe pendant toute une semaine. Il n'appartenait plus aux comités électoraux depuis plusieurs mois et n'avait pas à se préoccuper des bulletins qu'il recevait de ces comités, bulletins qu'il avait refusés inutilement et dont il n'avait pas fait usage, puisqu'il ne participait plus aux réunions des comités ; il n'était ni *rouge*, ni *blanc* ; il était *chrétien*, quoique *peu catholique*. Il ne pouvait être attaqué par rapport aux journaux qu'il pouvait recevoir, puisqu'il n'en lisait aucun, et que si une couleur lui était adressée, M. le curé lui-même recevait la couleur opposée ; que les hommes de parti, quels qu'ils fussent, étaient fort méprisables ; qu'enfin, pour l'anonyme de *la sœur*, il ne voulait pas s'abaisser à se défendre ; qu'il pourrait dire que cet anonyme avait été imaginé par les partisans de M. le curé pour donner du relief à sa querelle ; que pour lui, il se contentait de nier, et que sa négation valait au moins l'affirmation de son adversaire.

L'étonnement du sous-inspecteur fut grand, lorsque Nicolas tira de sa poche la lettre du sacristain et la lui fit voir pour prouver que tout ce qui arrivait n'était rien autre chose que l'effet de la haine. Un honnête homme eût été convaincu, celui-là ne fut qu'ébranlé, et la pensée du souper de la veille, du dîner et du souper du jour et des *conséquents*, vint anéantir l'effet de cette pièce importante.

Il partit en disant qu'il allait procéder à l'enquête, et il dit à Nicolas qu'il ne pensait pas que toute cette affaire eût de graves résultats.

« C'est tout au plus, ajouta-t-il, s'il peut y avoir pour vous une simple mutation.

— Permettez-moi, cependant, fit Nicolas, de vous exprimer une crainte.

— Et quelle est-elle ?

— La voici : depuis deux jours vous êtes hébergé chez mon ennemi. Vous n'avez peut-être pas envisagé les conséquences de cet acte. Puis-je compter sur votre impartialité ?

— Je vous promets la justice la plus absolue, et de mettre dans ce que je vais faire la plus complète impartialité. »

Et pour remplir cette promesse solennelle, il eut grand

soin de passer un temps considérable chez les ennemis de Nicolas, tandis qu'il abordait à peine ceux qui avaient du bien à en dire. Quand un père de famille déclarait qu'il n'avait qu'à se louer de l'instituteur, il passait chez un autre en disant :

« C'est bien : nous savons cela. »

Et parmi les ennemis de Nicolas, il y en avait pour lesquels il avait fait des sacrifices très onéreux : l'un d'eux n'avait trouvé du pain l'hiver précédent que sur sa recommandation, et le blé qu'on lui avait procuré sur la garantie de l'instituteur n'était pas encore payé deux ans après ; un autre lui devait l'usage de la jambe ; tel autre un service d'argent, etc.

L'enquête ou plutôt la farce terminée, l'inspecteur répéta de nouveau à Nicolas qu'il ne fallait pas se préoccuper de tout cela ; qu'il n'y avait pas là de quoi faire tant de bruit, et que la passion des gens de l'un ou de l'autre parti avait de beaucoup grossi les proportions de la vérité.

Le souper modifia sans doute ses impressions, car il ne fit son rapport que le lendemain. Il quitta la commune, portant haut la tête, comme un mulet chargé de reliques, et se croyant augmenté de valeur parce qu'il avait fait une bassesse de plus.

Le résultat ne se fit guère attendre. Nicolas ne comptait pas sur la bonne foi de cet individu : c'était un de ces êtres pleins d'orgueil et de vanité pour lesquels il n'est rien au-dessus de leur petite pensée. Il croyait avoir à gagner en satisfaisant le curé, et en effet il y gagna quelque chose : ce fut de mériter le nom de lâche et de misérable parasite.

CHAPITRE XIX.

Suspension de Nicolas. — Second interrogatoire par un inquisiteur spécial.

Il n'y avait pas huit jours que l'hôte de M. le curé avait bu le coup de l'étrier et pris congé de son amphitryon, lorsque Nicolas reçut un arrêté de la préfecture qui le suspendait de ses fonctions *pour cinq mois avec privation de traitement.*

Un des considérants de cet acte reposait sur le fait que, d'après son propre aveu, il professait des doctrines *essentiellement subversives* de l'ordre social et gouvernemental. Le tout était basé en outre sur le rapport de l'inspecteur des écoles.

L'homme *subversif* avait, depuis deux ans, profité de sa position et de son ascendant pour maintenir la paix et l'union; il avait lutté pour empêcher toute espèce de désordre; il avait fait des sacrifices considérables de temps, de peines et même d'argent pour secourir toutes les souffrances et soulager toutes les misères ; il s'était opposé à certains actes de récrimination que les plus influents voulaient faire, et presque toujours son avis avait été suivi. Le fonctionnaire *anti-gouvernemental* avait voté pour Bonaparte !

L'instituteur ennemi de la société, l'ogre avide de chair fraîche et du bien d'autrui, se dévouait depuis dix ans à rendre à autrui tous les services qui étaient en son pouvoir ! L'année précédente, il s'était proposé d'établir une école du dimanche pour les adultes ; son intention était de les amuser et de les instruire à la fois par des leçons de physique et de chimie agricoles ; il espérait qu'en les initiant aux charmes des sciences naturelles, il les détournerait facilement d'aller perdre leur argent dans les réunions de cabaret. Une pensée aussi opposée à la société avait d'abord paru excellente à M. le curé ; mais, en sa qualité de défenseur-né des institutions, il la fit échouer complètement, sans qu'elle eût reçu même un commencement d'exécution. Il faut convenir cependant que le *démagogisme* de Nicolas était prouvé par son propre aveu, puisqu'il avait eu l'insolence de dire en présence du comité supérieur qu'il était le partisan des doctrines de l'Evangile, et qu'il croyait au socialisme de Jésus-Christ, de saint Paul et de saint Jean ! Il est impossible de pousser le ridicule plus loin qu'il ne l'avait fait en participant à des utopies aussi épouvantables, à d'aussi effrayantes théories que celles qui prescrivent la charité et l'amour de l'humanité, non pas en futiles arguments, mais en pratique, et dans les détails de la vie. Il y avait là un crime assez grand pour mériter d'être noté avec les considérants de M. le préfet au recueil des actes administratifs de son département.

L'arrêté de suspension fut notifié à Nicolas le 9 février à midi : à partir de cet instant, il cessa toutes les fonctions qu'il exerçait, afin de ne pas choquer la susceptibilité du préfet.

Quelques-uns parlaient de bruit, d'opposition ; mais Nicolas défendit formellement qu'on s'occupât de lui. Il voulait rester jusqu'au bout dans le *devoir*, afin de pouvoir profiter du *droit* sans remords. Bien lui prit de cette détermination ; car au moment où il sortait de chez un de ses parents, accompagné du maire, de l'adjoint et de quatre conseillers municipaux, il rencontra le *brigadier-expert*, lequel, assisté de deux gendarmes, allait rendre une visite de précaution à M. le curé. La présence de ces *messieurs* semblait justifier l'idée que le préfet s'était formée de Nicolas : le curé en fut pour son vin et son café, et les gendarmes pour leur démarche ; car il n'y eut pas le plus petit bruit, la plus mince démonstration. On ne pouvait verbaliser contre les enfants qui pleuraient et manifestaient leur attachement à l'instituteur, dont l'âme se brisait en entendant ces pauvres petits lui parler de leurs regrets. Il leur promit que bientôt ils auraient un bon maître, qui ferait probablement mieux que lui : mais ce fut peine perdue ; ils ne voulaient pas de cette consolation.

Dès le lendemain, Nicolas abandonna le domicile communal où il avait vu mourir son vieux père, et naître son enfant : mais il ne put se résoudre à laisser à son successeur ses fleurs, ses rosiers, et surtout un petit lilas qui avait été l'objet de la prédilection de son fils. Cet ange, qui habite maintenant une patrie meilleure, avait couvert de ses baisers et de ses caresses cet arbrisseau qui était aux yeux de Nicolas un souvenir sacré. Il l'emporta donc avec lui pour le transplanter dans un petit jardin qu'il possédait près de là ; mais on le dénonça pour ce fait, et peu s'en fallut qu'il ne fût obligé de supporter une indemnité pour avoir voulu conserver ce gage d'affection.

La veille, il lui était parvenu une lettre d'invitation à comparaître devant le comité supérieur, à l'effet de voir statuer définitivement sur son affaire. Il était bien temps vraiment de statuer sur un fait accompli : mais la révocation était encore à craindre, et l'on devait présumer que le curé ne se bornerait pas à une suspension qui lui aurait rendu l'instituteur plus fort et plus aimé qu'auparavant ; il saurait faire jouer tous les ressorts pour le briser entièrement. Il était juste à l'époque arriérée de l'Evangile de *ne pas éteindre la mèche qui fume encore*, mais sous le règne des prédicants de l'Evangile, il y a bien des modifications à faire aux paroles du Christ.

Le conseil municipal avait protesté contre la mesure inique dont l'instituteur communal avait été l'objet ; il avait fait connaître au préfet la manière injuste dont l'enquête du sous-inspecteur avait eu lieu, en sorte que ce *fonctionnaire* ne peut arguer d'ignorance. Mais les conseillers municipaux avaient aussi fait une autre démarche dont la responsabilité tout entière devait tomber sur Nicolas. Ils avaient demandé à la communauté le retrait de la religieuse, par la raison que le bruit public lui attribuait des rapports trop fréquents et trop intimes avec le curé. Il y avait là une cause morale suffisante en toute autre circonstance. D'ailleurs, un traité formel obligeait la maison religieuse à faire droit aux plaintes du conseil municipal.

Il était aussi arrivé à Nicolas lui-même un incident dont les conséquences seraient admirables de ridicule, si l'on pouvait rire de la passion humaine. Un de ses amis, *ancien officier de la garde municipale*, en garnison dans une des places du Nord, lui écrivit de vouloir bien aller à la ville, pour l'attendre à l'arrivée de la diligence : l'instituteur partit vers trois heures ; il avait neigé, et quand il parvint à la ville, il entra pour se réchauffer et attendre dans le café indiqué par son ami. Cette maison était remplie de gens qui parlaient d'une élection municipale dont on s'occupait le même jour : un d'eux, avec lequel il était en relation, lui offrit *un verre de bière* qu'il accepta, sans toutefois prendre une part directe à la conversation, qui était générale. Quelqu'un proposa un toast à la République démocratique et...; Nicolas se prit aussitôt à dire :

« Non, Messieurs ; nous devons tous le respect à la loi, et cela serait illégal ; buvons à tout ce qui est *juste* ! De cette manière, nous serons satisfaits dans notre opinion personnelle, et nul n'aura de reproche à nous faire. »

Et l'on but à l'accomplissement de la justice !

Au même instant, l'ami de l'instituteur étant arrivé, ils quittèrent la ville pour rejoindre le hameau.

C'était la première fois que Nicolas entrait dans ce café, dont il ne soupçonnait pas même l'existence.

Le lendemain un procès-verbal du commissaire de police constatait, sur des données très-vagues, que Nicolas était allé à la ville tout exprès pour faire de la propagande.

Une partie du conseil municipal avait accompagné Nicolas à la sous-préfecture : ces pauvres gens allèrent rendre visite au sous-préfet; mais il était en congé. On l'avait sans doute trouvé trop équitable et trop impartial, et l'on avait envoyé pour le remplacer provisoirement un conseiller de préfecture. Cet homme les menaça de la police correctionnelle pour la lettre qu'ils avaient adressée à la maison religieuse ; il chercha à les effrayer et il y réussit. Les paysans ne se sentent pas à leur aise devant un habit noir; quand celui qui le porte est revêtu d'un titre, si méprisable, du reste, que soit le titulaire : ils étaient donc plus morts que vifs lorsqu'ils quittèrent le cabinet administratif. Nicolas eut beaucoup de peine à les rappeler au sentiment de la vérité, et à leur faire comprendre qu'ils avaient été *les dupes d'une fantasmagorie*.

Quant à lui, son affaire ne fut appelée que vers deux heures. La lecture des pièces d'accusation dura sept quarts-d'heure, et, comme il était dans une pièce voisine, il entendait parfaitement toutes les remarques malveillantes du délégué.

On l'introduisit enfin devant le comité, et le président poussa l'oubli de la politesse jusqu'à ne pas s'apercevoir qu'un homme fatigué par quatre lieues de marche, le cœur rempli d'émotions et de souffrances, ne pouvait rester debout comme un laquais. Nicolas demanda la permission de s'asseoir; et, après avoir fait observer aux membres du comité que, s'il n'avait éprouvé le besoin de les remercier pour le bon accueil dont ils l'avaient honoré quelques semaines auparavant, il ne se serait pas présenté, il se mit à la discrétion de *l'inquisiteur*, dont la mission était de l'interroger.

« Qu'êtes-vous allé faire à... le 25 janvier dernier, lui demanda cet homme de ce ton impertinent qui sent le valet parvenu ?

— Je pourrais me dispenser de répondre à cette question, fit Nicolas, et me renfermer dans le droit strict ; mais ce que j'ai eu l'honneur de dire au comité m'oblige à être plus explicite et à ne reculer devant aucune de vos interrogations. »

Et il rapporta textuellement ce qui lui était arrivé lorsqu'il était allé attendre l'ami dont j'ai parlé.

« Mais alors, dites-moi, reprit le délégué, n'avez-vous rien fait contre M. le curé depuis que vous avez comparu au comité ?

— Non ; comme instituteur, je n'ai rien fait contre lui.

— N'auriez-vous pas agi comme simple particulier ?

— Ceci est différent ; comme homme, j'ai participé à la rédaction d'une certaine lettre pour laquelle vous avez voulu effrayer quatre pauvres gens, en les menaçant d'une action judiciaire impossible.

— N'auriez-vous fait que prendre part à cette lettre ?

— J'ai fait plus, à la vérité, monsieur le sous-préfet ; car la rédaction de cette lettre m'appartient tout entière, et, comme secrétaire de la mairie, j'ai accompli les ordres du conseil municipal.

— Dites, en ce cas, au maire, votre parent, de préparer ses preuves ; car cette action judiciaire que vous appelez impossible aura lieu dans un bref délai.

— Ces preuves ne seront pas difficiles à fournir, monsieur, répliqua Nicolas, et je demande à être compris dans l'accusation, quoique je ne sois pas signataire de la lettre.

— Vous serez satisfait ; car nous voulons savoir s'il y a dans cette affaire un prêtre indigne ou de misérables calomniateurs.

— Peut-être n'y trouverez-vous ni l'un ni les autres ; mais, en tout cas, vous pouvez apprendre la vérité, et nous ne manquerons pas de preuves.

— Voudriez-vous nous en indiquer quelques-unes, monsieur, interrompit le procureur de la République ?

— Oui, monsieur ; mais à la condition formelle que ce que je pourrai dire ici ne préjudiciera en rien à nos moyens de défense future. Il n'a été question dans cette lettre, si hautement incriminée aujourd'hui, que de bruit public et de scandaleux ouï-dire ; cependant, nous aurions pu nous exprimer autrement ; car, pour ma part, j'atteste avoir vu le curé entrer seul chez la religieuse à dix heures du soir ; quoique ma classe soit vis-à-vis de la demeure de la sœur, et que la curiosité m'ait porté à attendre, je ne l'ai pas vu sortir. J'atteste avoir vu la religieuse entrer chez le desservant à pareille heure. J'atteste avoir vu plusieurs fois le prêtre et la sœur en tête-à-tête au fond du bosquet du presbytère ; j'atteste les avoir vus seuls, sans lumière, le soir, et avoir remarqué dans leur contenance un vif mécontentement du dérangement que je leur occasionnais. J'atteste que le curé envoyait tous les jours à la religieuse son café du matin et *un petit morceau* pour son souper. J'ajouterai, monsieur, que je ne suis pas le seul témoin juridique de toutes ces petites circonstances.

— Eh! qu'importe, monsieur, s'écria le délégué d'un ton de voix saccadé, vous avez fait une lettre infâme. »

A cette injure, Nicolas fit un mouvement que remarqua l'inquisiteur ; il se reprit aussitôt et se mit à dire :

« Je vous déclare cependant que ceci est mon appréciation comme homme, et que je ne vous parle pas ainsi comme fonctionnaire.

— Merci, monsieur, fit Nicolas, car je n'aurais pu retrouver l'homme abrité par les fonctions ; ce sera donc au particulier que je demanderai la réparation de cet outrage. »

Les membres du comité se rendirent compte de l'impression profonde qu'avaient dû produire sur Nicolas des paroles aussi inconvenantes que celles de cet agent de bas étage. L'un d'eux chercha à calmer son émotion en lui faisant espérer que la révocation ne serait pas prononcée contre lui ; mais il ne s'abusait pas sur la situation où il était ni sur ce qui l'attendait ; aussi répondit-il à celui qui lui manifestait cette bienveillance par l'expression exacte de sa pensée à cet égard :

« Non, monsieur, lui dit-il, je ne me fais pas d'illusions ; j'ai été suspendu malgré la délibération favorable du comité, et, quelle que soit la nature de celle qui va être prise, j'attends ma révocation dans un délai très rapproché. C'est ici une question de passion cléricale à satisfaire, et on ne considérera pas, avant de me priver de moyens *personnels* d'existence, que je suis l'unique appui de ma vieille mère et le seul protecteur de la nombreuse famille de mon père.

« Au reste, continua-t-il, je suis heureux de voir au sein du comité un membre du conseil général qui a présidé les réunions politiques auxquelles j'ai assisté. Je le prie de vouloir bien dire nettement et franchement ce que j'ai été alors, et quelle impression ma conduite a faite sur lui. »

Et le membre honoraire du comité auquel s'adressait Nicolas déclara que le jeune instituteur avait été calme dans toutes ses opinions, et qu'il n'avait jamais exprimé que des idées justes, remplies de patriotisme et de modération.

Mais, que pouvait faire le comité? Il était présidé par un agent du préfet ; sa bonne volonté était parfaitement inutile en face de l'autocratie qui devait décider à la préfecture une question de laquelle dépendait l'existence de huit personnes. La loi renfermait une lacune dont on savait profiter pour assouvir des vengeances particulières ; en pareille affaire, la haine profite toujours d'une expression ambiguë, vague ou indéterminée, pour en tirer son avantage. Cette considération achevait de démontrer à Nicolas la facilité avec laquelle, dans les assemblées délibérantes, les hommes de sens droit et de bonnes intentions sont conduits à l'erreur par les hommes de parole, qui pèsent la portée d'un mot oublié, d'une expression tronquée ou d'un article mutilé. La loi devrait être conçue en termes clairs, précis, courts, ne laissant rien au subterfuge, rien à l'équivoque. Il est certain que les législateurs de la loi du 11 janvier 1850 n'ont pu vouloir que l'épuration et non la destruction ; et cependant...

Les comités supérieurs étaient beaucoup plus à même de juger que personne ; leur avis aurait dû être la règle des préfets, nouveaux venus pour la plupart, et ne prononçant que sur des rapports plus ou moins inexacts, plus ou moins passionnés.

Nicolas s'attendait à une révocation d'autant plus certaine, que M. l'évêque ne pouvait consentir à ce qu'un de ses prêtres fût obligé de céder devant un maître d'école. *Tout ce qui semble s'opposer à l'Église doit succomber*, et pour obtenir la victoire, toute tactique est bonne, quand même elle serait lâche, injuste, criminelle, inquisitoriale.

Il est certain que pour les instituteurs catholiques la position est mille fois plus défavorable que dans les autres cultes : dans la religion réformée, par exemple, il a été à peine question de révocations, parce que les *ministres* n'ont aucun intérêt à la domination exclusive, et parce que chez eux tout le monde est appelé à les juger d'après les bases évangéliques. Il n'en est pas de même dans la religion catholique, où tout doit ramper sous l'omnipotence et la science spirituelle infuse des gens d'église. Aussi les instituteurs catholiques ont-ils été *fauchés, moissonnés*.

Et les hommes d'administration civile ne comprennent pas, ou plutôt ne veulent pas comprendre que ceux qu'ils satisfont ainsi sont les ennemis de tout pouvoir qui n'est pas entre leurs mains. Heureusement, la France n'est pas sur les rives du Paraguay, et la conscience du *droit dans le devoir* se fait assez sentir à tous les esprits pour que nous soyons conduits un jour à la vérité pratique, à l'application des principes de justice que l'on ne peut nier sans nier Dieu.

CHAPITRE XX.

Ce que c'est qu'une révocation pour cause politique.

La séance du comité supérieur avait eu lieu le 11 février ; le 21 du même mois, Nicolas recevait la notification de sa révocation, prononcée le 19.

M. le préfet avait eu honte d'attribuer cette révocation au même motif que l'arrêté de suspension ; aussi accusait-il cette fois Nicolas d'être devenu un sujet de trouble et de désordre dans la commune. Je ferai voir plus loin la valeur réelle des considérants préfectoraux. Il est impossible à un esprit juste de ne pas être froissé du bon marché que cet administrateur faisait de la conscience et de la vérité ; car, en admettant qu'il accordât créance entière au rapport du sous-inspecteur, il était mis en demeure de faire procéder à une nouvelle enquête par la nature des réclamations qui lui étaient parvenues du conseil municipal. Mais on avait peur de mécontenter l'évêché en donnant raison à l'instituteur.

Les 13, 19 et 21 février, le *fameux* délégué avait écrit administrativement à la mairie trois lettres successives dans lesquelles il enjoignait au maire de la commune de faire en sorte que l'instituteur suspendu n'apportât aucun obstacle à l'emménagement de son prédécesseur ; en tout cas, il ordonnait d'employer les moyens de force publique.

Nicolas pria son parent de ne pas répondre, et, *le 24 février*, il adressa au sous-préfet intérimaire la réponse personnelle suivante :

« Monsieur le sous-préfet,

« M. le maire de ..... m'ayant par trois fois différentes notifié, de votre part, de n'avoir à donner aucun trouble à mon remplaçant provisoire, quant à mon déménagement, etc., je dois vous dire que tant de petites précautions étaient parfaitement inutiles, quoique je sache qu'elles sont le complément politique des Torquemada du jour.

« J'ai traité M...... comme un frère et comme un ami, quoique je ne le connusse pas, mais parce que j'ai pour principe de me soumettre aux lois, si *bêtement* appliquées qu'elles puissent être. J'avais déménagé avant son arrivée, et je vous prie de croire que tout le temps que je serai à ....., ce monsieur n'aura pas de plus ferme soutien que moi contre les essais de tous les partis. J'ai été instituteur, et je ne suis pas un loup caché sous une peau de brebis.

« J'ai l'honneur d'être avec respect,

« Monsieur le sous-préfet,

« Votre *libre* administré,

« N..... »

Et, en effet, le nouvel instituteur avait trouvé en Nicolas un frère, un ami, un soutien : toute la famille de l'instituteur révoqué avait comblé le nouveau titulaire de prévenances, et on avait mis en pratique à son égard la maxime chrétienne qui prescrit de faire aux autres ce qu'on désirerait pour soi-même. Nicolas lui avait prêté des meubles, des livres et la partie du matériel de la classe qui lui appartenait. Ils étaient dans les meilleurs termes, et on n'aurait jamais dit, à les voir, que l'un d'eux était le *disgracié*, et l'autre son *remplaçant*. Il se trouva des êtres assez stupides pour trouver mauvaise une si louable concorde : tant de fraternité et d'abnégation ne pouvait leur convenir. Des menaces de dénonciation circulèrent, et le jeune instituteur fut obligé, dans son intérêt, de n'avoir plus avec Nicolas que des relations extrêmement rares.

Cependant l'inquisiteur n'avait pas oublié sa menace de procédure : le juge de paix et son greffier arrivèrent un beau matin, nantis d'une commission rogatoire, pour procéder à une enquête judiciaire.

Les témoins entendus, au nombre de sept ou huit, déposèrent de la vérité des faits articulés sur la conduite du curé. Le sous-préfet dut être bien satisfait, car celui qui avait demandé pardon à M. le desservant et à la religieuse *rétracta* sa rétractation devant la justice.

Mais il s'agissait d'un prêtre ; une robe noire était sur le tapis ; l'enquête fut ensevelie dans les cartons, et on n'y donna aucune suite. Si Nicolas avait pu être traîné devant un tribunal pour des faits qui ne lui étaient pas personnels, on l'aurait poussé *à boulets rouges* ; un instituteur entretenant avec une religieuse des rapports intimes, taxés d'amourettes par le public, aurait été interdit immédiatement. Mais un prêtre n'a-t-il pas *le droit* de tout dire et de tout faire ?

C'était bien là, d'ailleurs, l'opinion du curé de ....., car un jour qu'il s'était plu à calomnier Nicolas dans une maison particulière, en présence de sept ou huit personnes, et de prétendre que l'instituteur avait été honteusement chassé du séminaire, il répondit aux reproches de Nicolas qu'il pouvait dire à ses paroissiens *tout ce qu'il croyait utile* et que jamais un tribunal ne le condamnerait pour cela.

Il en résultait évidemment le droit de la diffamation, de la calomnie et du mensonge, qu'il se réservait sans doute d'exercer, tout en refusant aux autres le droit de la vérité.

La manière dont le curé avait obtenu les quelques signatures qu'il avait réunies contre Nicolas témoignait suffisamment que c'était là sa manière de voir : la dissimulation devait être devenue pour lui un principe de réussite.

L'un des signataires était l'obligé de l'instituteur sous plusieurs rapports. On désira, au presbytère, avoir sa signature, qui pouvait en amener quelques autres : on le fit appeler, et *lorsqu'il eut assez bu pour perdre la raison*, on lui fit signer une plainte contre Nicolas. Il avoua lui-même dans la suite cette circonstance avec tant de *contrition*, que l'instituteur ne put s'empêcher de lui pardonner.

Un autre se jeta dans les bras du curé, parce qu'il crut à l'influence de Nicolas dans une question d'affouage à son préjudice. Il devait pourtant savoir la vérité, et il avait reçu de l'instituteur des marques d'intérêt et des services assez importants. Nicolas apprit, à la fin de 1850, dans sa retraite, que cet homme reconnaissait hautement son erreur, et s'accusait d'un entraînement impardonnable.

Il y eut cependant en tout cela plusieurs beaux exemples de probité et de justice : un pauvre ouvrier, père de huit enfants, refusa constamment de donner son nom contre Nicolas : J'ai signé pour lui, disait-il naïvement ; c'est un honnête homme qui a fait du bien à tous ceux qui lui veulent aujourd'hui du mal ; ce serait à refaire que je ferais encore ce que j'ai fait, car je ne comprends pas un homme à deux visages !

Ces honorables scrupules méritaient d'être punis : un des amis du curé, qui employait cet homme de bien, lui retira aussitôt son ouvrage, quoiqu'il en fût satisfait sous tous les autres rapports.

On alla vers dix heures du soir réveiller un habitant et l'appeler de la part de M. le curé : lorsqu'il fut arrivé au presbytère, on lui proposa de signer une plainte que l'on rédigeait alors ; sur son refus positif et formel, il fut mis à la porte avec une démonstration dont la logique ne s'apprend pas en philosophie.

A quinze ou seize dénonciations, fabriquées et signées ainsi dans les ténèbres, Nicolas et ses amis ne répondirent par aucune espèce de plainte ; ils attendirent la décision de l'autorité.

Lorsque l'instituteur fut suspendu de ses fonctions par l'acte le plus arbitraire, le conseil municipal écrivit seulement deux lettres de protestation :

La première, adressée au préfet, lui exposait la vérité

sur l'enquête du sous-inspecteur ; elle protestait contre les conséquences qui en étaient résultées. Cette lettre n'obtint pas l'honneur d'une réponse, et probablement elle ne fit que précipiter l'arrêté de révocation. Du reste, le préfet était *décoré* ; c'était assez pour que ses actes fussent louables quand-même : il est vrai que, si l'on en croit quelques mauvaises langues, la *croix* doit être dans cinquante ans la récompense habituelle des chiens savants. En effet, ce résultat prophétique n'aura rien d'étrange, si l'on examine la progression vers laquelle sont lancées les décorations. Il n'y a pas un demi-siècle qu'elles furent appliquées par l'empereur aux actes de vertu, à la distinction réelle et sérieuse ; aujourd'hui, les fromages et les cornichons perfectionnés suffisent pour mériter le ruban rouge. Il ne faut donc pas désespérer de le voir porter, dans quelques années, par les *acrobates* en plein vent, ou par les *industriels nocturnes* du quartier Mouffetard. Alors nos braves militaires, nos officiers courageux demanderont, en retour de leurs loyaux services, la faveur d'être oubliés ; ils ne voudront plus d'une marque de distinction qui appartiendra à tout le monde et à tous les titres, et ils auront raison.

Au résumé, le préfet de Nicolas pensait qu'un arrêté rendu par un *chevalier* devait nécessairement avoir du bon sens : il ne pouvait revenir d'une décision émanée de son cerveau, et puis il était le maître.

L'autre lettre du conseil municipal de ... fut pour l'évêque : elle n'était pas longue et pourtant en disait assez pour qu'un *prélat chrétien* sentît la nécessité de chercher la vérité ; mais il eût été ridicule de s'occuper de semblable misère. Des badauds, des paysans, oser critiquer la conduite anti-chrétienne d'un prêtre, qui faisait les fonctions de pâtre et de valet de charrue, il n'y a pas vingt ans, et qui se croit d'un autre sang, parce que ses mains ne touchent plus le fumier ; des ignorants, des laboureurs, s'apercevoir que Dieu n'a pas commandé la haine, le scandale et la vengeance ; c'est vraiment inconcevable, et bientôt l'Eglise sera obligée de faire son devoir, si elle ne veut rencontrer des surveillants jusque dans les gardes-champêtres.

L'évêque ne répondit pas ; il ne pouvait le faire sans nuire au curé et sans déplaire au grand-vicaire ; d'ailleurs le silence lui donnait l'apparence du droit : c'était du mépris en action.

Rien de plus ne fut tenté pour la défense de Nicolas ; aucun désordre ne se fit remarquer ; il n'y eut aucun trouble par rapport à lui.

Cependant, la moitié des habitants étaient de sa famille !

D'après le préfet, il était devenu une cause de trouble, de désordre et de dissensions dans la commune !

Il était indispensable, en effet, que la paix se rétablît, que les partis fussent réunis : c'était à ce résultat que tendaient les efforts de Nicolas ; mais une réconciliation n'étant jamais possible avec un prêtre, il était nécessaire que l'on fît disparaître la cause réelle de la désunion, que l'on mît à la porte le vrai coupable. Qui donc es l'homme de désordre, de l'instituteur qui se laisse calomnier sans faire une démarche, ou du prêtre qui fulmine pendant plus de six mois dans ses sermons contre celui qu'il hait ; qui le traite de son bourreau, de Satan, etc. ? Qui donc est l'homme de trouble, de l'instituteur qui s'oppose pendant deux ans à toute espèce de manifestations illégales, qui n'emploie son influence que pour faire régner la paix, ou du prêtre, qui parvient en trois mois à souffler la haine au cœur de ses paroissiens et à les diviser en deux camps ennemis ; qui fait de sa maison un atelier de corruption, où les promesses et les menaces sont tour à tour employées pour obtenir des signatures injustes et mensongères ; qui transforme le presbytère en caserne de gendarmerie et qui déclare ne pouvoir pardonner ?

Pour un honnête homme sans décoration la réponse ne peut être douteuse ; mais pour un préfet décoré, cela n'est pas aussi facile à résoudre. Il se trouve que l'homme de désordre est tout bonnement celui sans lequel on n'aurait pu maintenir l'ordre, et que l'homme de trouble est celui qui se sacrifie à la paix.

O sublime discernement du fonctionnaire français! Admirable intelligence dont les résultats pourront désormais lutter avec les faits et gestes des caniches des Champs-Elysées ! Comment oser dire, après cela, que nous ne marchons pas vers le progrès ? Nous faisons des pas de géants dans la carrière intellectuelle, car nos préfets sont arrivés à juger par les effets contraires, et à prendre *blanc* pour *noir* et *rouge* pour *vert*. Si l'on juge par eux des *progrès* nationaux, il est certain que dans un siècle, au plus, notre pauvre France sera barbare ou burgrave.

M. le préfet avait besoin de colorer ses arrêtés d'une nuance de droit pour ne pas exciter la désapprobation universelle : il se rejeta sur le lieu commun usité en pareil cas ; il accusa l'instituteur de négligence habituelle dans ses fonctions. Ce furent les procès-verbaux du curé qui firent l'apologie de Nicolas ; ils viendront encore ici, dans les pièces justificatives, établir de la façon la plus absolue, que le proconsul ne savait choisir ses prétextes, nonobstant les croix, les plaques et les cordons de toute sorte.

On avait aussi fait à Nicolas un crime affreux d'avoir quitté son poste pendant cinq jours, sur l'autorisation du conseil municipal et du comité local : il avait négligé d'en référer au sous-préfet, et quoiqu'il y eût de Noël au 1er janvier une sorte de congé en fait, sinon en droit, il avait fait une action damnable en profitant de ces quelques jours pour chercher une autre position.

L'objet de ce reproche est si important, que c'est à peine s'il était digne de réponse ; le préfet et son agent le firent cependant sonner bien haut, à défaut de choses sérieuses.

Lorsque Nicolas ne fut plus qu'un simple particulier, le maire lui avait conservé la direction de l'horloge communale, la sonnerie de *la retraite* et le secrétariat de la mairie. Le curé exigea qu'on lui fît faire des clés particulières pour l'église : c'était trop juste, et l'on s'empressa de faire droit à sa réclamation. Mais, aussitôt qu'il eut obtenu ce premier point, il prétendit que l'ex-instituteur ne pénétrerait pas même, pour régler l'horloge communale, dans la tour de l'église où étaient placées les cloches. A cette exigence répondit un refus formel ; et de nouvelles querelles allaient recommencer, lorsque Nicolas se décida, pour éviter d'autres sujets de discorde, à quitter sa famille et à venir se perdre dans les vagues de l'océan parisien. Il partit dans les derniers jours d'avril, et vint chercher du travail dans cette vaste capitale, dont le seul avantage consiste dans la liberté de vivre ignoré et inconnu de tout le monde.

CHAPITRE XXI.

Conclusion. — Adieu de Nicolas à plusieurs grands et sots personnages.

Il me resterait à faire voir les fatales conséquences des révocations d'instituteurs. Je ne puis qu'aborder cette brûlante question; car il serait impossible de la traiter à fond sans danger, non pour moi ou pour les instituteurs, mais pour les opinions que j'ai manifestées en différents endroits de cet ouvrage.

Dieu sait où il nous mène ; voilà la vérité chrétienne. La Providence a causé la révolution de Février, seule, sans l'appui des hommes ; les hommes ne doivent pas chercher à peser dans la balance éternelle qui prépare, avec la plus complète justice, les destinées futures de l'humanité. Nous touchons presque aux temps marqués par les prophéties, dans lesquels on doit voir surgir dans le monde l'accomplissement de tout ce qui est *le droit*. Le droit consiste dans tout ce qui est juste, consciencieux, irréfutable : il est donc impossible que la lumière intellectuelle, sanctifiée, ne brille pas bientôt sur l'Univers.

Bientôt la solution scientifique des grands problèmes sociaux viendra déconcerter les ambitieux de tous les partis, afin de montrer au monde que le seul parti rationnel est celui des gens honnêtes et sensés, qui ne reconnaissent d'autre maître que la volonté infinie de la CAUSE UNIVERSELLE. Alors seront confondus dans un vaste anathême, et les Pharisiens hypocrites, qui cherchent à tromper les masses dans leur intérêt particulier, et les prétendus hommes d'ordre, qui ne veulent *le calme que par l'iniquité* et qui n'ont pas encore songé à *l'ordre par le droit*. Aux Pharisiens du jour, une voix, sortie du désert, criera la malédiction ; elle leur répétera à satiété ces paroles du JUSTE :

« Ils se sont assis sur la chaire de Moïse... Mais ne faites pas leurs œuvres, car ils ne font pas ce qu'ils disent. Ils lient des fardeaux lourds et insupportables et les placent sur les épaules des hommes ; mais ils ne veulent pas les toucher du bout du doigt. Ils font toutes leurs actions afin d'être vus des hommes... Ils aiment les premières places dans les festins et les premières chaires dans les assemblées. Ils aiment d'être salués dans les places publiques et d'être appelés *maîtres* par les hommes. Pour vous, ne vous laissez pas appeler *maîtres*; car vous n'avez qu'un *maître, et vous êtes tous frères.* N'appelez personne *père* sur la terre ; car vous n'avez qu'un père, et il est dans les Cieux... Votre seul *maître* est le Christ. Celui qui est le plus grand d'entre vous *doit être votre serviteur!*... Malheur à vous, Pharisiens hypocrites, car vous fermez aux hommes le royaume des

Cieux, et, n'y entrant pas vous-mêmes, vous ne permettez pas aux autres d'y entrer ! Malheur à vous, Pharisiens hypocrites, qui *dévorez* les maisons des veuves *sous prétexte de vos longues prières ;* car vous éprouverez pour cela un jugement plus sévère !... Aveugles et insensés, savez-vous ce qui est le plus grand, de l'autel ou de celui qui le sanctifie ?... Malheur à vous, Pharisiens hypocrites, qui donnez la dîme de la menthe, du cumin et de l'aneth, et qui avez abandonné ce qu'il y a de plus important dans la loi : la foi, la miséricorde et la justice !.. Malheur à vous, Pharisiens hypocrites, qui êtes semblables à des sépulcres blanchis, qui paraissent beaux aux yeux des hommes, mais sont remplis de pourriture à l'intérieur !... De même, vous paraissez justes à l'extérieur, mais vous êtes pleins d'hypocrisie et de toute sorte d'iniquités... vous remplissez la mesure de vos pères. Serpents et race de vipères, comment fuirez-vous le jugement de l'enfer ?... En vérité, *tout cela arrivera sur cette génération...* et vous ne me verrez plus jusqu'à ce que vous disiez : Béni soit celui qui vient au nom du Seigneur ! » (Matth., ch. XXIII, v. 2-39.)

« Je connais vos œuvres ; et quoique vous passiez pour être vivants, je sais que vous êtes morts..... Vous n'êtes ni froids, ni chauds ; plût à Dieu que vous fussiez l'un ou l'autre ; mais parce que vous êtes *tièdes*, je vous vomirai de ma bouche, » (Apoc., chap. III.)

Et la même voix criera à ceux qui ne veulent l'ordre que dans le privilége pour eux et dans la compression pour autrui :

« Heureux ceux qui gardent *le droit* et qui accomplissent toujours la justice ! » (Ps. 105.) « Maudit soit celui qui fait l'injustice! Qu'il sorte du jugement avec une condamnation, et que sa prière soit considérée comme un crime! Que ses jours soient diminués, et qu'un autre prenne la place qu'il occupe! Ses fils deviendront orphelins, et son épouse connaîtra les larmes du veuvage..... Ses enfants mendieront leur pain et seront chassés de leurs demeures. Que l'usurier dévore son bien, et que les étrangers s'emparent du fruit de ses travaux! Il n'aura pas de soutien, et personne n'aura pitié de ses enfants : ils sont les fils de la mort, et son nom périra dans une génération! Que l'iniquité de ses pères revienne en la mémoire de Dieu, et que le crime de sa mère ne soit pas effacé! car il a négligé de faire des *œuvres de miséricorde, et il a poursuivi le pauvre et l'indigent.* » (Ps. 108.)

Telles sont les menaces de la vérité incréée, menaces que les uns et les autres affrontent sans remords.

Si nous rentrons dans les conséquences et les actes de la vie pratique, quels sujets de crainte et de frayeur, ou plutôt quels motifs d'espoir pour ceux qui veulent le jour de Dieu, le règne de la charité évangélique.

Et pour jeter plus particulièrement un coup d'œil sur la manière dont a été traité l'enseignement populaire, si les puissants avaient réfléchi, s'ils avaient compris la question au point de vue même de leur ambition, ils auraient été très-parcimonieux des révocations.

Si les amis de nos amis sont nos amis, la proposition contraire n'est-elle pas d'une suprême vérité d'application? Les amis de nos ennemis ne deviennent-ils pas nos adversaires acharnés?

Chaque instituteur révoqué a une vingtaine de parents

et autant d'amis ; il en résulte que, par une mesure intempestive, on s'est exposé à augmenter ce qu'on a appelé l'*armée rouge* de près d'un demi-million de partisans ! Quelle effrayante conséquence pour ces hommes qui ne sont pas de leur siècle et ne comprennent pas la nécessité de marcher dans les voies de Dieu ! Ou les agents de révocations ont cru à la profonde moralité de leurs victimes, ou ils ont pensé ne frapper que des coupables : dans les deux cas, ils se sont rendus responsables d'une erreur dont la stupidité est palpable.

S'ils ont été persuadés de la vertu et du patriotisme de ceux qu'ils ont brisés, ils ont été criminels envers la société pour le présent et pour l'avenir : pour le présent, en ce qu'ils ont privé la masse populaire d'instituteurs dévoués ; pour l'avenir, en ce qu'ils ont exposé ces hommes de bien à chercher dans les partis la vengeance de leur injure. Si, au contraire, ils ont cru ne frapper qu'avec raison, ils ont encore commis un acte de haute imprudence, car ils ont jeté ces hommes déjà méchants, selon eux, dans la fougue des récriminations, et ils leur ont presque donné le droit d'être les ennemis d'un pacte dans lequel ils ne sont que des ilotes.

N'était-il pas, en outre, à craindre que les instituteurs restés debout ne redoutassent un semblable traitement, et ne cherchassent à le prévenir en réunissant leurs efforts à ceux de leurs confrères si imprudemment brisés ?

Voilà les conséquences possibles de la razzia opérée dans les rangs de l'enseignement primaire. Les instituteurs ont, en général, trop de délicatesse et de patriotisme pour arborer un drapeau sur lequel on pourrait lire le mot *vengeance*, et ils ne se laisseront jamais conduire par cette fatale pensée de récrimination qui en a égaré tant d'autres. Ils manqueraient au plus saint de leurs devoirs, à celui qui leur prescrit, avant leur satisfaction personnelle, le désir du bien public ; mais la prudence qu'ils mettront dans leurs actes ne justifie pas l'étourderie et l'inconséquence de leurs ennemis.

Et leurs ennemis ont été les serviteurs de la cléricature plutôt encore que les ennemis de l'enseignement : ils avaient à accomplir la pensée des législateurs, laquelle, je le répète, n'a pu être une pensée de destruction. Au lieu de chercher à appliquer l'esprit de la loi en frappant les fangeuses exceptions qui déshonoraient la nation et l'enseignement primaire tout à la fois, ils ont préféré servir la passion de quelques-uns au détriment des intérêts de tous. Au lieu de s'élever à la hauteur d'une mission sainte et austère, à la sublimité d'une fonction nécessaire, quoique pénible, ils se sont faits les *valets* d'un parti.

Une épuration était indispensable parmi les instituteurs primaires. Cette épuration passe pour avoir été faite ; mais la haine seule a agi dans la plupart des circonstances, et la question subsiste tout entière.

Ce n'était pas là que se trouvait le vice radical de l'enseignement populaire : il était et il est encore dans le peu de foi et de logique, dans le peu de croyance qu'on inculque aux jeunes instituteurs. A peine sont-ils sortis des écoles pour prendre part à l'enseignement actif, que leurs erreurs de raisonnement sont confirmées par le fait. Au lieu de trouver dans le jeune prêtre, dont ils partagent la mission de moralisation, un homme de cœur, sacrifiant un peu de sa personnalité au succès du résultat, et ne prouvant sa supériorité réelle que par un plus grand dévouement, une plus grande vertu, ils rencontrent presque toujours un orgueilleux, dont le plus grand soin est de tenir l'instituteur à distance et de lui faire sentir qu'il n'est qu'*un maître d'école*. Que sont-ils donc tous les deux ? L'un est le fils de l'épicier de son village; il a passé sa jeunesse dans la mélasse et les confitures, jusqu'au jour où son père s'est décidé à le faire entrer au séminaire, dans l'espérance d'avoir *un chanoine* dans sa famille. L'autre est le fils du maçon ou du cordonnier : le vice que j'ai signalé au début de ce livre a agi sur les projets de ces braves gens ; ils ont voulu faire de leur fils *quelque chose*, et, ne pouvant le mettre au séminaire, ils ont rêvé un sous-inspecteur, et ils ont présenté leur progéniture à l'école normale.

Voilà ce qu'ils sont l'un et l'autre quant à la naissance. Après quelques années, ils se retrouvent décrassés ; ils ont tous deux perdu leurs boucles d'oreille et acquis, tant bien que mal, la science nécessaire à leur état.

Croirait-on que, six mois après, ils seront d'irréconciliables ennemis? C'est pourtant ce qui arrive dans presque tous les cas : l'un ne sent que sa *haute dignité* et la distance qui le sépare des autres hommes au-dessus desquels il croit avoir toute prééminence ; sa parole est un oracle ; on le lui a tant répété qu'il en est persuadé ; pour lui, le soleil doit s'arrêter et faire une inclination ; devant lui, *un roi* devrait attendre. L'autre n'a pas appris à respecter la dignité extérieure, tout en appréciant le dignitaire à sa juste valeur ; il a aussi son orgueil à lui, et il croirait déroger en se soumettant *sans conteste* à d'injustes prétentions. Un grain de charité ferait disparaître toutes les semences de sizanie ; mais le prêtre qui veut qu'*on croie sans l'examen de la raison*, veut aussi qu'on se soumette à ses caprices sans faire d'objection. Il froisse et refroisse l'instituteur, et l'animosité paraît où il était si facile de faire naître la confiance par quelques concessions et quelques marques de bonté.

Telle est la situation réelle de ce qui a déjà tant fait dire de paroles inutiles. Chacun se souvient encore de ces querelles d'enseignement soulevées du temps de la monarchie ; il y avait cependant une formule très-simple à suivre pour couper court à tous ces débats : cette formule gît dans un mot réduit en pratique ; ce mot est : Liberté !

La liberté n'est pas la licence ; il lui faut un contrôle : donnez donc à l'instituteur des contrôleurs, des inspecteurs, des surveillants ; mais, faites qu'il ne dépende pas matériellement de son ennemi ; faites *que la voix de M. le curé ne soit qu'une voix* dans le comité local ; faites que l'inspecteur soit au-dessus d'une quasi-nécessité d'économie, qui le force à accepter les soupers du desservant, parce qu'il acquitte la note par un rapport où la vérité vraie porte des papillotes.

Le curé de Nicolas était un être excentrique, une exception, pourra-t-on dire ; on ne rencontre pas souvent des hommes aussi dépourvus de bon sens. Il est aisé de répondre à ce qui n'est pas une objection. Si cet homme était un sot, ce qu'on ne peut contester ; si, par ce point, il s'écartait des autres, ce qui est possible, il se rapprochait de tous par son orgueil. Il croyait que l'instituteur examinait ses sermons avec la perfide attention d'un élève de rhétorique, et qu'il s'occupait de son débit, de son geste, etc. Nicolas avait bien d'autres choses à faire que de perdre son temps à débrouiller le galimatias du curé ; c'eût été une étude, un travail, que de chercher de la pensée où il n'y avait que des phrases incohérentes et à peine françaises. Mais, quoi qu'il en soit sous ce rapport, l'instituteur gênait le prêtre, et celui-ci dit un jour à Nicolas qu'il était indispensable que l'un des deux abandonnât la commune. Lorsque le curé a un obstacle réel ou imaginaire, il faut que l'obstacle soit écarté, coûte que coûte ; et personne ne peut nier cette vérité pratique : il est inouï que ces messieurs aient pu vivre côte à côte avec un laïc qu'ils n'aiment pas, surtout si ce laïc représente *une puissance rivale de la leur*. Voilà pourquoi tant de révocations ont été prononcées contre les instituteurs catholiques ; voilà le grand prétexte qui a précipité dans l'abîme des hommes utiles, parmi lesquels un juge impartial aurait peine à trouver quelques coupables.

D'ailleurs, le nombre des révocations a atteint un chiffre assez respectable pour qu'on ne puisse dire que celle de Nicolas fut une exception, une erreur ; ce n'est pas en France que les erreurs se commettent par centaines. Mais la nation se souvient encore avec horreur de ce que font les hommes de parti. Les hommes de parti nous ont amené l'absolutisme de la terreur ; ils ont produit en d'autres temps, de triste mémoire, des résultats funestes à l'honneur français. Il y avait, et il y a sans doute encore bien des réformes à faire dans l'enseignement ; mais, où donc est réfugiée aujourd'hui la perfection ?

L'homme qui lira cet ouvrage pourra-t-il se dissimuler la vérité, et ne pas arriver fatalement à cette conclusion, qu'il y a des changements à opérer, des modifications profondes à effectuer ?

— Je n'ai rien dit que de vrai, de tristement vrai ; mais ces vérités devraient-elles exister dans un pays comme la France ?

Une grave conséquence de tout ce qui précède est la recherche du remède à appliquer au mal, de la réforme qui doit remplacer l'abus. Pour moi, habitué à penser et à dire ce qui me semble conforme à la vérité, résolu de faire tous mes efforts pour éviter l'écueil ordinaire et ne pas faire une question humaine de ce qui prend sa source dans des régions plus élevées, je crois le salut plus rapproché et la sauve-garde plus près de nous. A quoi bon se torturer l'imagination et se mettre l'esprit à la gêne pour comprendre qu'en toutes ces questions, qui soulèvent aujourd'hui le monde, on a oublié la base importante et éternelle sur laquelle repose l'humanité.

Il est impossible de se dissimuler que nous touchons à l'ère prophétique où les sectes, les formes doivent disparaître pour faire place à la religion de l'âme. La matière doit être éclipsée par l'esprit, le mensonge anéanti par la lumière qui s'échappera bientôt par torrents du fleuve de la vérité, *et le Père sera désormais adoré comme il veut l'être*. Ce ne sera plus une affaire de cérémonies et d'observances ; la religion du Christ se traduira par les actes de la divine charité, qui embrâsera le monde d'un rayonnement universel, et descendra jusque dans les actions les plus communes de la vie pratique.

C'est alors que les abus seront réformés et les améliorations obtenues ; c'est lorsque, réalisant les saintes paroles des hommes inspirés d'autrefois, on cherchera dans l'accomplissement de la justice à éviter les châtiments de la colère du Juste par essence, que l'on aura atteint la seule perfection possible. Les améliorations sociales seront accomplies, lorsque les puissants du siècle se souviendront de Celui *qui se lève à cause de la misère des indigents et des gémissements du pauvre;* lorsque, cessant de faire leur dieu de la matière et des richesses, ils craindront les vengeances de Celui *qui délivre le pauvre des mains du puissant, et qui le tire des liens de l'usurier.* (Ps.) L'injustice aura cessé, quand ceux qui possèdent sur la terre la force matérielle ou la force morale se souviendront que les faibles sont leurs frères, et qu'aux yeux du Juste leurs droits sont les mêmes.

En ce temps de prédiction, c'est surtout *le droit à la vérité, à l'intelligence et à la lumière* que les forts cherchent à refuser à ceux qui sont affamés de la justice. Et en effet, *si les humbles du monde* savaient, s'ils étaient mis à même de scruter la Parole, ils se sentiraient encouragés ; ils deviendraient forts en lisant dans les oracles antiques les malédictions prononcées contre les hommes injustes qui dévorent le peuple et s'engraissent de sa substance ; ils s'adresseraient désormais à Dieu plutôt qu'aux hommes d'extérieur, plutôt qu'aux Pharisiens et aux Scribes, s'ils pouvaient comparer *le devoir* tracé dans la loi avec les actions journalières de ceux qui parlent de la loi ; ils seraient *justes* eux-mêmes, s'ils étaient débarrassés des erreurs dont on cherche sciemment à les envelopper pour les perdre, et s'ils pouvaient voir de leurs yeux que l'homme n'est pas créé pour le sens, mais pour le droit ; s'ils pouvaient enfin comprendre que le Fort n'a maudit leurs ennemis et *ne les a rendus semblables à des bêtes de somme sans intelligence*, qu'à la condition formelle de l'accomplissement du droit par ceux qui le réclament pour eux-mêmes.

Que manque-t-il donc au peuple de France pour obtenir ce résultat auquel tendent tous les efforts de l'humanité sous la pression de Dieu ? Que lui manque-t-il pour se séparer de la foule et faire partie de la nation élue *qui fuira le courroux à venir ?*

Une seule chose, et ses adversaires l'ont bien compris ; car c'est là ce qu'ils veulent l'empêcher d'obtenir : il ne lui manque que *l'instruction*, *la lumière de la vérité*, *le flambeau de l'intelligence ;* il n'a que ce moyen de n'être plus trompé et de pouvoir apprécier les piéges cachés sous les paroles mielleuses de l'ambition.

PIÈCES JUSTIFICATIVES.

ARRÊTÉ DE SUSPENSION.

Préfecture du département de .....

Nous, préfet de ..... :

Vu la loi du 11 janvier 1850 et les prescriptions ministérielles relatives à son exécution ;

Vu, etc., etc., etc.....;

Considérant que des pièces produites et des déclarations recueillies, il résulte qu'*il y a négligence habituelle* dans l'exercice des fonctions du sieur ....., et que son enseignement est loin de donner des résultats satisfaisants;

Considérant que cet instituteur confie souvent la direction de son école à des mains étrangères; qu'il a récemment quitté son poste sans en avoir obtenu l'autorisation préalable de l'autorité compétente ;

Considérant qu'*il professe, ainsi qu'il en a fait lui-même l'aveu, des doctrines essentiellement subversives de l'ordre social et gouvernemental ;*

Considérant, en outre, que *les actes publics* auxquels le sieur ..... s'est livré, en dehors de la spécialité de sa mission, ont nui *d'une manière notoire* soit *à la direction morale de son école*, soit *à la bonne harmonie* des habitants de la commune de .....,

ARRÊTONS :

ART. 1er. Le sieur ....., instituteur communal à ....., est suspendu de ses fonctions, avec *privation de traitement*, pendant cinq mois, à partir de la notification qui lui sera faite du présent arrêté.

ART. 2. Il sera pourvu, par les soins du comité d'instruction primaire de l'arrondissement de ....., à son remplacement provisoire.

ART. 3. Ce comité, après avoir été officiellement saisi de notre décision, *formulera son avis sur la révocation* du sieur ..... dans le délai prévu par l'art. 3 de la loi du 11 janvier dernier....., etc.

Fait et arrêté à ..... le 6 février 1850.

Le préfet, signé .....

EXTRAIT

DU REGISTRE DE VISITES DU COMITÉ LOCAL
DE LA COMMUNE DE .....

J'ai vu à l'école ..... un exercice sur le substantif ; j'ai remarqué que les enfants *le connaissent très-bien*, et je crois que *la méthode est très-bonne* pour les élèves : *par ce moyen, la grammaire française obtiendra grand succès*, et les élèves pourront *très-bien* comprendre et écrire notre langue.

Cejourd'hui 8 novembre 1847.

      Signé ....., curé de .....

Visitant l'école, j'ai remarqué dans les élèves *une connaissance parfaite des chiffres* parmi ceux qui s'occupent d'arithmétique. Je vois qu'ils savent lire et écrire les nombres les plus élevés.

Cejourd'hui 22 novembre 1847.

      Signé ....., curé de .....

Cejourd'hui 26 novembre 1847, me trouvant à l'école, j'ai entendu les élèves conjuguer les verbes, et *j'ai été très-satisfait sur cette matière..... Ainsi je vois que le maître fait tout son possible pour obtenir du succès* ; aussi *son école fait de véritables progrès*.

      Signé ....., curé de .....

Cejourd'hui 27 décembre 1847, j'ai passé une heure à l'école, et j'ai remarqué que *le maître enseigne ses élèves avec une bonne méthode. J'ai eu à admirer le soin donné* à ce qui regarde la grammaire française et l'arithmétique. De sorte que *je vois un véritable progrès*, et c'est avec satisfaction que *je vois le courage du maître* et la docilité des enfants.

      Signé ....., curé de .....

Pendant tout le mois de décembre 1848, souvent j'ai visité l'école ; toujours j'ai vu application dans les élèves; *le maître,* de son côté, *se donne beaucoup de peine...*

Cejourd'hui, 31 décembre 1848.   Signé... curé de...

Nota. A partir du 17 janvier 1849, aucune visite officielle ne fut faite à la classe dirigée par Nicolas, jusqu'à l'enquête qui précéda sa suspension.

LETTRES DU SOUS-PRÉFET

DE L'ARRONDISSEMENT DE... AU MAIRE DE LA COMMUNE DE...

... le 13 février 1850.

Monsieur le Maire,

D'après le texte d'une circulaire de M. le ministre de l'instruction publique, du 31 janvier dernier, c'est à l'autorité préfectorale seule qu'il appartient de pourvoir au remplacement provisoire des instituteurs suspendus. En conséquence...

Je n'ai pas besoin de vous dire que *si une résistance quelconque avait lieu quant à la sortie de l'instituteur...* et à l'installation de l'intérimaire, *vous aviseriez à ce que force restât à l'autorité.*

Agréez, etc.

Pour le sous-préfet, en congé,
Le conseiller de préfecture délégué.
Signé .....

... le 16 février 1850.

Monsieur le Maire,

M..., nommé instituteur provisoire de votre commune pendant la durée de la suspension de M..., se rend en ce moment à... pour remplir la mission qui lui est confiée.

Je vous prie de *veiller à ce qu'il ne reçoive de la part du titulaire suspendu aucune résistance pour se mettre en possession de la maison et de la salle d'école... etc.*

Agréez, etc.

Pour le sous-préfet, en congé,
Le conseiller de préfecture délégué.
Signé .....

ARRÊTÉ DE RÉVOCATION.

PRÉFECTURE DU DÉPARTEMENT DE...

Nous, préfet de...
Vu notre arrêté en date du 6 février 1850...
Vu, etc., etc., etc...

Considérant que les faits sur lesquels a reposé notre arrêté de suspension sont aujourd'hui corroborés par la certitude que cet instituteur est devenu un sujet de trouble et de désordre dans la commune de......

Considérant qu'*on ne peut y ramener le calme qu'en écartant la cause d'aussi déplorables dissensions;*

ARRÊTONS :

ARTICLE PREMIER. Le sieur ....., instituteur communal à....., est révoqué de ses fonctions, etc.

Fait et arrêté à..... le 19 février 1850.

Le préfet, signé .....

CERTIFICAT.

Les soussignés, pères de famille et habitants de la commune de...., canton de...., département de...., certifient n'avoir aucun sujet de plainte à former contre M......, instituteur à.....

..... le 2 janvier 1850.

(*Suivent trente-sept signatures sur quarante-trois.*)

Visé par nous, membres du comité local.

..... le 11 janvier 1850.

(*Suivent les signatures, moins celle du curé.*)

Vu par nous, membres du conseil municipal, tant pour légalisation des signatures apposées d'autre part, que pour certifier que la conduite de M....., instituteur à....., nous satisfait entièrement.

..... le 11 janvier 1850.

(*Suivent les signatures.*)

CERTIFICAT DE MORALITÉ.

Nous, soussigné, maire de la commune de...., canton

de...., sur l'attestation de..... conseillers municipaux dans la même commune,

Certifions que..... instituteur communal à..... est de bonne vie et mœurs, et que, depuis le 21 septembre 1845 qu'il habite cette commune, son dévouement, sa probité, et les qualités qu'il a montrées dans toute sa conduite, lui ont concilié *l'estime et la confiance générale.*

En foi de quoi, nous lui avons, sur sa demande, délivré le présent certificat pour lui valoir ce que de droit.

.... le 24 décembre 1849.

(*Suivent les signatures du maire et des trois conseillers certificateurs.*)

LETTRE DU SACRISTAIN DE.....

Mon cher.....

J'apprends à l'instant que M. l'inspecteur des écoles est à.....

Dites à M. le curé qu'il profite de cette occasion pour obtenir la révocation de.....

Mais, méfiez-vous, cet individu est tout-à-fait dans le système contraire.

Faites part de ma lettre à M. le curé.

Je vous salue,

Signé .....

(*Cette lettre, non datée, a été écrite le 20 janvier 1850.*)

UNE PENSÉE D'ORGUEIL!

BILLET D'INVITATION.

Mairie de...., le 28 février 1849.

Monsieur,

J'ai l'honneur de vous inviter à vouloir bien vous trouver samedi prochain, 3 mars, à deux heures du soir, en la salle d'école des garçons, à l'occasion de la visite des écoles primaires, qui sera faite ce jour-là par M. l'inspecteur des écoles du département.

J'ai l'honneur de vous saluer.

Le maire, président du comité local.
Signé .....

M....., *desservant* à..... , membre du comité local.

RÉPONSE.

Monsieur le maire,

Je viens de recevoir un billet d'invitation signé par vous; je suis fâché de me voir obligé de vous le renvoyer; et voici le pourquoi (*sic*) : c'est qu'il n'est pas à mon adresse. Mon évêque, qui connaît les convenances et mes *droits* (*sic*), m'appelle curé et non *desservant*.

Recevez, monsieur le maire, mes sentiments affectueux.

Signé ....., curé de .....

Au soir, le 28 février 1849.

CE QU'UN SOUS-PRÉFET PENSAIT DE NICOLAS EN 1845.

(*Extrait d'une Lettre du 14 septembre 1845.*)

Mon cher collègue,

Le porteur de cette lettre est un jeune homme de ....., nommé ....., qui habite ....., *où il a la plus grande peine à entretenir et à faire vivre une famille nombreuse qui est tout entière à sa charge.* Cette position l'a fait maintenir dans ses foyers par le conseil de révision à la suite du tirage de cette année, où il avait pris un mauvais numéro.....

Si vous pouviez lui être utile, vous feriez une bonne action dont je crois que vous n'auriez jamais à vous repentir, car le jeune ..... a plus d'instruction que l'on n'est en droit d'en exiger, et *sa conduite*, d'après les renseignements qui m'ont été donnés, *est réellement digne d'éloges et d'encouragement*.....

(*Le signataire de cette lettre est aujourd'hui représentant du peuple.*)

LE POUVOIR AUX INSTITUTEURS !

Je pourrais donner sous cette rubrique une foule d'extraits fort édifiants tirés des circulaires et des missives de toute nature qui inondaient la France : je me contenterai de citer quelques passages de deux opuscules adressés administrativement, l'un à tous les instituteurs, l'autre à ceux de l'Académie de .....

EXTRAIT

du Manuel Républicain de l'Homme et du Citoyen.

« Autrefois *des rois ou des prêtres* ont imposé *de force* aux Français, les uns leur prétendue majesté divine, les autres leur religion, qu'ils n'auraient jamais dû faire régner que par la douceur.....

« *L'Elève*. Nommez-moi les principales libertés qui sont naturelles et qu'une république *doit* garantir aux citoyens.

« *L'Instituteur*. La liberté de conscience, la liberté de parler, la liberté d'écrire et d'imprimer sont au nombre des plus importantes.....

« *L'Elève*. Regardez-vous les associations qui firent appel à la violence, avant l'établissement de la République, comme ayant violé les droits de l'homme?

« *L'Instituteur*. Non, parce que les citoyens courageux qui composaient ces associations luttaient contre la tyrannie. Lorsque la souveraineté du Peuple est usurpée par un homme, une famille ou un parti, l'insurrection est un droit et le plus saint des devoirs. »

Pourrait-on dire aujourd'hui tout cela, que l'on a cependant envoyé aux instituteurs comme règle de leurs paroles?

EXTRAIT

du Petit Manuel sur les Droits et les Devoirs du Citoyen.

« *D*. Une vraie république est-elle possible aujourd'hui?

« *R.* Elle est non-seulement possible, mais elle est actuellement la seule forme de gouvernement possible en France.....

« *D.* Quels sont ces droits? (Les *droits naturels* de l'homme.)

« *R.* ..... En voici quelques-uns : Faculté illimitée de penser, de publier ses opinions, de discuter les actes du gouvernement; droit d'aspirer à toutes les fonctions publiques; faculté de s'associer en tout et pour tout.....; droit au travail, avec celui d'en retirer un fruit légitime; etc., etc.....

« La crise financière et commerciale qui ébranle notre société..... n'aurait jamais eu lieu si l'imprévoyance et la corruption du régime précédent ne nous avaient pas conduits à la veille d'une banqueroute..... »

« Par un professeur du Lycée de .....

« Approuvé :

« Le recteur de l'Académie,

« Signé ..... »

En présence de toutes ces instructions, y avait-il vingt instituteurs *révocables* ?

Nota. Il me serait extrêmement facile de produire un plus grand nombre d'extraits officiels et authentiques de pièces relatives à la révocation de Nicolas ; mais celles qui précèdent suffisent pour l'appréciation du fait en lui-même, et je ne puis mieux terminer que par l'extrait ci-dessus, émané d'un Recteur qui fit voir plus tard *le plus noble* acharnement à poursuivre les instituteurs de son ressort.

FIN.

TABLE.

	Pages
Introduction	5
Chapitre I. — Naissance et éducation de Nicolas	13
Chapitre II. — Nicolas apprend le latin	21
Chapitre III. — Nicolas prend l'habit ecclésiastique	27
Chapitre IV. — Il sort du séminaire	35
Chapitre V. — Le monde. — Premier voyage. — Paris. — Le Hâvre	43
Chapitre VI. — Sainte-Adresse. — Sanvic	51
Chapitre VII. — Les premières amours de Nicolas	61
Chapitre VIII. — Nicolas ouvrier dans une fabrique	73
Chapitre IX. — Second voyage. — Troyes et la Champagne	81
Chapitre X. — Nicolas devient agent d'assurances	91
Chapitre XI. — Le brevet d'instituteur	97
Chapitre XII. — Paris. — Un maître de pension	103
Chapitre XIII. — Encore de la misère	113
Chapitre XIV. — Nicolas instituteur communal	123
Chapitre XV. — Un mariage	153
Chapitre XVI. — La république et les instituteurs — Comment les agitateurs évitent les éclaboussures	143
Chapitre XVII. — Le malheur d'un instituteur, quand son curé est un idiot ou un hypocrite	155
Chapitre XVIII. — Un comité supérieur. — Une enquête. — Les soupers de M. le Curé	167
Chapitre XIX. — Suspension de Nicolas. — Second interrogatoire par un inquisiteur spécial	177
Chapitre XX. — Ce que c'est qu'une révocation pour cause politique	189
Chapitre XXI. — Conclusion. — Adieu de Nicolas à plusieurs grands et sots personnages	199
Pièces justificatives	211

www.ingramcontent.com/pod-product-compliance
Lightning Source LLC
Chambersburg PA
CBHW051909160426
43198CB00012B/1811